AF246860

ÉLIE PROSPER D[...]

ARCHÉOLOGUE, ÉGYPTOLOGUE ET PUBLIC[ISTE]

[...] (Nord) le 27 janvier 1821, décédé à Paris [...]

Orné d'un Portrait

PAR

M. L***

PARIS

[...]

NOTICE BIOGRAPHIQUE

SUR

ÉMILE PRISSE D'AVENNES

Cent cinquante exemplaires de cette notice sont accompagnés du portrait d'Émile Prisse d'Avennes, en phototypie, d'après une magnifique peinture à l'huile de M. le comte de Mniszeh. Cette peinture, grandeur nature, faite en 1872, a été donnée par la famille Prisse d'Avennes à la Bibliothèque Nationale, en 1888.

Il existe aussi une très belle lithographie de M. A. Devéria, nous montrant Prisse d'Avennes en 1843, revêtu du costume oriental qu'il portait durant son premier séjour en Égypte. Cette lithographie est également à la Bibliothèque Nationale, au département des estampes. Nous avons préféré le portrait exécuté par M. le comte de Mniszeh, parce qu'il représente notre éminent égyptologue, à un âge où il était bien connu du monde savant.

Paris. — Imprimerie L. MARETHEUX, 1, rue Cassette.

NOTICE BIOGRAPHIQUE

SUR

ÉMILE PRISSE D'AVENNES

VOYAGEUR FRANÇAIS

ARCHÉOLOGUE, ÉGYPTOLOGUE ET PUBLICISTE

Né à Avesnes (Nord) le 27 janvier 1807, décédé à Paris le 10 janvier 1879

Ornée d'un Portrait

PAR

E. M.***

PARIS

SOCIÉTÉ D'ÉDITIONS SCIENTIFIQUES

PLACE DE L'ÉCOLE-DE-MÉDECINE

4, rue Antoine-Dubois, 4

—

1896

INTRODUCTION

C'est hors de tout esprit de parti, à l'abri de toute suggestion d'intérêt quelconque, et simplement pour accomplir un devoir de Justice, que nous avons résolu de publier cette courte notice.

Dire avec impartialité ce qu'a été la longue et glorieuse carrière d'Emile Prisse d'Avennes; rappeler ce qu'il a fait pour la Science, pour les Arts et pour son Pays; révéler ou faire sortir de l'oubli quelques-unes des trop nombreuses et trop cruelles vicissitudes contre lesquelles il eut à batailler jusqu'au bord de la tombe : tel est le but que nous nous sommes proposé.

En vain chercherait-on dans les pages qui vont suivre, quelque autre chose qu'un équitable, juste et malheureusement trop faible hommage à la mémoire de cet homme vaillant et fort. L'hostilité, d'où qu'elle vînt, ne put jamais l'abattre. Au milieu même des plus accablants revers, il eût été en droit de s'approprier le cri fameux du Roi-Chevalier : « Tout est perdu, fors l'Honneur ! » et son nom illustre s'ajoute au long martyrologe des pionniers de la Science, de l'Art et de l'Histoire !

E. M. **

Paris le 19 août 1894.

NOTICE BIOGRAPHIQUE

SUR

PRISSE D'AVENNES

ACHILLE-CONSTANT-THÉODOSE-ÉMILE

———

Emile Prisse d'Avennes naquit à Avesnes (Nord), le 27 janvier 1807, d'une famille noble, d'origine anglaise, que les persécutions politiques et religieuses, qui signalèrent les dernières années du règne de Charles II, forcèrent de chercher vers 1680, un refuge en Flandre. Déchue d'une haute position sociale par l'émigration, cette famille placée en France dans une condition toute bourgeoise, parvint bientôt à occuper dans les diverses situations libérales de sa nouvelle patrie, une position honorable et s'y distingua tout particulièrement.

Emile Prisse d'Avennes avait sept ans lorsque son père, Inspecteur des bois du prince de Talleyrand, mourut victime de son dévouement, le 2 janvier 1814 à Avesnes où sa philanthropie et ses fonctions d'adjoint au maire le retenaient jour et nuit à l'hôpital, auprès de nos malheureux soldats que le typhus décimait, afin de veiller à ce que tous les soins leur fussent donnés.

Peu de temps après, il fut placé chez un vieil instituteur à

Trélon, mais à peine y fut-il installé qu'à la suite de la bataille de Waterloo il dut rentrer dans sa famille. La tranquillité rétablie, on le plaça à Saint-Aubin, chez un curé de village qui s'était chargé de l'éducation de quelques enfants. Plus tard, le maire d'Avesnes, son grand-père, le fit entrer au collège où enfin il fut destiné au barreau. Le peu de goût que dans la suite il montra pour cette carrière, le fit placer à l'Ecole Royale des Arts et Métiers de Châlons où il passa trois ans.

Il sortit de l'Ecole de Châlons à dix-neuf ans, muni de tous ses diplômes. Quelques mois après, lorsqu'il était à Paris, son grand-père qui, pour lui, était un guide éclairé et son meilleur soutien, vint à mourir, mettant ainsi obstacle à la réalisation de ses principales espérances. Depuis longtemps déjà, il songeait à l'Orient, mais contraint par ce triste événement, il resta encore quelque temps à Paris, rédigea divers écrits périodiques sur l'industrie et les manufactures de France et d'Angleterre, puis s'occupa de plusieurs projets architecturaux. Son coup d'essai fut le projet de la *Grande Fontaine* de la place de la Bastille qui devait y être érigée et qui lui attira maints éloges. Il voulait faire de cette fontaine, un monument historique en souvenir de nos déboires et de la valeur de nos soldats dans l'Inde française, rappelant les hauts faits de La Bourdonnais et de Lally-Tollendal, ainsi que les injustices dont ils ont été victimes, car il ne comprenait leur véritable réhabilitation que par l'érection d'un monument sur cette place ; mais à cette époque, un pareil projet ne pouvait être accepté. Toutes les lenteurs et les intrigues administratives le lassèrent, et comme son caractère franc, généreux et loyal, fier et indépendant se refusait à plier à toutes les exigences d'emplois

subalternes, il résolut plus que jamais de s'adonner à ses
goûts artistiques et à ses penchants d'explorateur.

D'abord indécis, ne sachant quelle direction prendre, il fut
conduit par sa nature chevaleresque à aller combattre en
1826 pour l'indépendance de la Grèce qui, à ce moment,
criait : « *Liberté, Liberté !...* » A la suite de cette expédition,
il devint secrétaire du Gouverneur Général des Indes. Bientôt, il se démit de ses fonctions et passa en Palestine, à Jé-
richo, séjourna à Jérusalem et il y fut nommé *Chevalier du
Saint-Sépulcre* pour avoir sauvé du pillage le Temple de cette
ville. Ensuite, il se rendit en Egypte où, quelque temps
après son arrivée, il entra au service du vice-roi, Mohammed-
Aly (Méhémet-Ali), comme ingénieur civil et hydrographe.
Il fut aussi professeur de topographie à l'école d'Etat-
major de *Djihâd-Abâd*, au camp établi près de Kanka à l'ex-
trémité de la plaine d'Héliopolis et à quatre lieues du Kaire.
Un trait qui dépeint bien la fermeté de notre savant compatriote, est sa résistance aux abus tyranniques du Gouverneur de l'Ecole qui, chaque jour, en dehors de ses occupations habituelles, le chargeait de leçons particulières près
des officiers supérieurs.

Un matin, le 21 juillet 1829, Abd-Allah-Bey, gouverneur
du camp, l'envoya chercher et lui dit que, n'ayant personne
pour lithographier la musique des régiments, et vu ses connaissances spéciales, il le chargeait de ce travail. Prisse s'y
refusa en alléguant que cette besogne était absolument étrangère à ses fonctions. Il fut aussitôt accablé d'injures gros-
sières, et l'ordre fut donné de le mettre aux fers jusqu'à ce
qu'il fût décidé à obéir. Comme il restait inébranlable et
impassible à toutes ces menaces, la fureur du Bey s'en

accrut et il donna l'ordre barbare de le fustiger de mille coups de *courbâche* (1). Au signal de l'exécution, notre fier compatriote répondit en mettant sabre en main, mais il fut si bien entouré que toute résistance était inutile; il dut céder pour éviter ce cruel châtiment qu'on pouvait croire réservé exclusivement aux criminels, mais que l'on employait journellement en Egypte et sous le plus futile prétexte.

Il rentra chez lui, envoya sa démission au Ministre de la guerre, puis passant dans sa ceinture un poignard et une paire de pistolets, il alla porter lui-même sa démission au Bey. En entrant, il la lui jeta aux pieds en lui déclarant que par cette déclaration écrite dont il venait d'expédier le double au Kaire, il avait recouvré sa liberté, qu'il était sujet français et que si, lui Bey, essayait d'attenter à sa personne, il lui ferait sauter la cervelle avant qu'aucun de ses gardes pût l'en empêcher. Son énergique attitude et sa menace eurent leur effet; mais laissant Abd-Allah se confondre en excuses, il enfourcha son cheval resté à la porte du palais et partit au Kaire porter ses plaintes. Le Ministre de la guerre craignant que l'équipée de son neveu ne vînt aux oreilles du Pacha, ne voulut point accepter cette démission et proposa à Prisse de doubler ses appointements s'il voulait retourner à son poste où le Bey viendrait lui faire des excuses et lui déclarer qu'il n'avait rien à exiger de lui en dehors de ses fonctions. Prisse n'accepta qu'à la condition expresse que le Gouverneur viendrait lui faire des excuses chez lui et en présence des hommes qu'il avait chargés de l'arrêter, afin

---

(1) *Courbâche* ou *kourbâg,* lanière faite de cuir d'éléphant ou d'hippopotame, et qui ressemble à ce que nous appelons nerf de bœuf. Les Osmanlis prononcent *karbatch* ; c'est l'origine de notre mot français cravache, qui nous est venu des Allemands, lesquels l'avaient emprunté eux-mêmes aux Turcs.

qu'elles fussent aussi publiques que l'avait été l'offense. Peu après son retour, en effet, Abd-Allah se soumit et vint comme il avait été convenu lui faire publiquement des excuses. Le lendemain, grâce à son énergie, notre courageux voyageur reprenait son poste avec tous les honneurs qui lui étaient dus. Non seulement par cet acte de fermeté, il obtint une éclatante réparation, mais il montra ainsi que l'on ne bravait pas impunément le respect dû à nos nationaux.

Pendant son séjour à l'Ecole, il présenta à Ibrahim-Pacha, le projet d'un pont suspendu sur la branche du Nil qui sépare le Palais des jardins de l'île de Roudah; il rédigea un *Mémoire sur les travaux les plus importants à exécuter dans la Basse-Egypte :* entre autres, l'endiguement du fleuve au lieu de barrage; le tracé du canal d'Alexandrie au Kaire; les plans d'une machine hydraulique destinée à fournir l'eau à toutes les rues d'Alexandrie; mais aucun de ces projets ne reçut d'exécution, bien que le dernier Mémoire, celui qui avait trait au Canal, eût été présenté et appuyé par le Consul Général de France. Le Pacha trouvait Prisse trop jeune pour concevoir et exécuter des travaux aussi importants; toutefois, il fit conserver ses plans et devis. Prisse s'occupa aussi, à la fin de 1830, d'un projet pour le déplacement et le transport des Obélisques de Louqsor; il le fit transmettre à notre Ministre de la Marine, mais il ne put aller lui-même défendre son projet en France, et cette entreprise ne lui fut pas confiée.

L'Ecole d'Etat-major de *Djihâd-Abâd* ayant été dissoute, Prisse d'Avennes fut nommé professeur de fortification à l'Ecole d'Infanterie de Damiette. Avant d'entrer dans ses nouvelles fonctions, il fit, de juillet à septembre 1834, l'exploration des principaux lacs de la Basse-Egypte, et plus particulièrement celle du lac et de la ville Menzaleh, l'ancienne *Panephysis*, dont il leva la carte et le plan ; visita les ruines de Faramah, l'ancienne Péluse, etc., etc., donnant sur toutes ces antiques cités et sur les canaux de ce lac immense, semé çà et là d'îles incultes, de curieuses et savantes descriptions. De retour à Damiette, il rédigea un important *Mémoire sur le desséchement et la culture des lacs de la Basse-Egypte*, pour compléter les améliorations que le Vice-roi entreprenait dans le Delta, et comme conséquence du barrage, que l'on avait préféré à l'endiguement, malgré son inutilité, et auquel alors on travaillait activement. Ce Mémoire fut présenté au Pacha, mais comme le drogman de Son Altesse n'avait pas été intéressé à la chose, le projet échoua. Ces successives déceptions dans un pays où l'on ne savait ni apprécier, ni utiliser son talent, le décidèrent à ne plus rien y tenter ; il se promit pour l'avenir de se consacrer entièrement à la recherche de précieux documents qu'il voulait rapporter et publier à son retour en France.

Vers la fin de mai 1835, la peste qui avait fait son apparition, fut bientôt suivie du choléra ; ils firent à eux deux d'effrayants ravages ; ces épidémies semblaient à peine diminuer lorsque la petite vérole, la dyssenterie et l'ophthalmie commencèrent aussi leur œuvre homicide. La terreur était telle, que personne n'osait approcher des pestiférés et que ceux-ci étaient généralement abandonnés sans soin par les leurs qui s'esquivaient. Presque dénué de secours ainsi que des premières choses indispensables dans de telles circonstances, notre intrépide explorateur qui, déjà en 1831, avait bravé ces terribles fléaux, les affronta de nouveau avec le plus grand courage, ramena la confiance par son dévouement en prodiguant tous ses soins aux malades sans distinction de nationalité, et on le voyait constamment à leur chevet. Ce que son père avait fait dans sa ville natale, il le fit plus grandement encore sur la terre étrangère. A son tour, il fut d'abord atteint d'ophthalmie, ensuite de la dyssenterie qui, en quelques jours, le mit dans un état déplorable. Ce ne fut que le 1ᵉʳ septembre suivant que ces fléaux disparurent et lui permirent de reprendre ses occupations ; mais bientôt les exigences du Gouverneur de l'Ecole d'Infanterie de Damiette le lassèrent, et en janvier 1836, il envoyait sa démission.

Libre enfin, et s'abandonnant bientôt à son ardente et infatigable activité d'esprit, il se livra à l'étude des hiéroglyphes, étude dans laquelle, plus tard, il devint l'égal de Champollion. Il se mit à parcourir la Turquie, la Perse, la Palestine, l'Arabie, la Basse et la Haute-Egypte, la Nubie, l'Ethiopie, l'Abyssinie, la Syrie, etc., en un mot, tous ces pays barbares de l'Orient où, à cette époque, les Européens étaient en butte à toute sorte d'ennuis tyranniques, dus aux mœurs et coutumes de ces peuples ignorants. Il y vécut dix-sept ans de cette vie aventureuse du véritable artiste, qui toujours recherche le beau, le vrai, sans s'occuper de l'avenir et n'a souvent pas même une main amie à serrer dans les moments d'adversité ou de maladie ; mais l'inquiète curiosité qui, bien plus que l'espoir de faire fortune, l'avait entraîné à courir le monde, l'avait armé du courage nécessaire pour supporter la misère et les privations ; du reste, dans ses longues explorations, il n'eut pour toute ressource que le produit de ses crayons, de sa plume ou quelques secours de sa famille. A cette époque, il est vrai, l'on vivait à peu de frais.

Après ce long voyage, il revint se fixer à Thèbes ; mais fatigué de prendre et de renvoyer depuis son arrivée en Egypte, des serviteurs paresseux et insolents, après bien des années d'une véritable répugnance, il se décida à acheter un petit noir âgé de neuf à dix ans, lui paraissant remplir les conditions nécessaires à son service. Il le nomma *Abd-Allah*, c'est-à-dire esclave de Dieu, et par acte écrit, le rendit, le jour même, ce que Dieu l'avait fait : *Libre !...* Par la suite, il en acheta d'autres dont il faisait, séance tenante, rédiger l'acte de liberté par les cheiks de la localité. C'est par de telles actions, ainsi que par la propagande, que pendant son long séjour en Orient, il combattit l'esclavage.

A Thèbes, notre savant compatriote vivait en vrai musulman, fréquentant la mosquée et les *Oulémas.* Il se mit avec ardeur à rechercher et à réunir tous les documents nécessaires à son bel ouvrage : *Histoire de l'Art chez les anciens Egyptiens.* Dans cet ouvrage comme dans *l'Art Arabe*, il a déployé toutes les ressources d'un art consommé. C'est du reste pour vaincre certaines difficultés et faciliter ses recherches qu'il avait, depuis longtemps déjà, adopté les mœurs et coutumes des mahométans. De cette façon, il put, sans difficulté, visiter les principaux temples et mosquées de l'Hedjaz et en particulier Médine et la Mecque (la *Mekke*), ces deux villes *saintes* ; il explora le mont Sinaï ; les ruines d'Abydos, maintenant *Harabah El-Madfounch*, etc., etc. Connaissant à fond la langue ou le dialecte de ces diverses contrées, il pouvait entrer là où bien des Européens n'avaient pas accès, à cause de leur religion ou de leur costume ; aussi, prit-il sur le vif diverses scènes qu'il a reproduites avec tout le charme de la vérité. C'est toujours grâce à son costume et à ses connaissances toutes spéciales, qu'il visita plus facilement tous les temples, les hypogées et les mosquées des différents endroits où il passait et dont il rapporta et publia tant de merveilles. Les mosquées d'Alexandrie, du Kaire et de Boulâk étaient des plus remarquables.

La façon toute musulmane dont il vivait, ses relations avec le Gouverneur, les cheicks et les gens du pays, les services qu'il avait rendus et rendait aux habitants qui venaient continuellement recourir à ses connaissances médicales et autres : tout cela lui avait donné une certaine importance à Louqsor ; il y était aimé, respecté et y faisait respecter tous les Européens. Il arriva qu'un jour, le directeur de la Salpêtrière de Karnak s'avisa d'envoyer ses ouvriers enlever la terre d'un monticule où étaient enterrés huit Français, morts pendant l'expédition de l'allège de Louqsor. C'était œuvre méritoire pour ces vrais croyants que de jeter des ossements chrétiens sur la voie publique et d'employer leur poussière à tout usage. Prisse d'Avennes envoya faire des réclamations au directeur de la fabrique qui répondit que : « *partout la terre appartenait au Pacha.* » Furieux de cette réponse, notre savant fit respecter par la force la tombe de nos nationaux ; aidé de ses domestiques, il en chassa à grands coups de bâton les profanateurs, et leur montrant le pavillon tricolore qu'il venait de planter sur un sol devenu français, il les prévint qu'il les repousserait à coups de fusil s'ils s'y représentaient. Il écrivit au Consul de France, M. Cochelet, pour le prévenir de cette profanation et le prier de faire respecter d'une façon énergique, la tombe de compatriotes assez malheureux déjà, de reposer en terre étrangère. Des Anglais témoins de sa conduite en parlèrent à leur retour au Kaire, et, peu de temps après, on lui proposa officiellement d'être agent consulaire à Thèbes, pour le Gouvernement Britannique. Il se rendit au Kaire pour terminer cette affaire mais il refusa, disant que ses sentiments l'empêchaient de représenter une autre puissance que la France et que, du reste, il préférait continuer ses travaux scientifiques et ses recherches archéologiques.

Peu de jours après cet acte patriotique, il survint un événement dans lequel il joua un rôle qui lui fait grand honneur, mais qui faillit lui coûter la vie. C'était à Louqsor, le 18 mars 1841 : un nommé *Hanouna Khalyl*, frère d'un de ses domestiques, n'ayant pu acquitter l'impôt du terrain, fut jeté en prison par le Nazer (sous-préfet) de Thèbes, *Abd el Kérym Aghâ*. Prisse d'Avennes envoya, sur le champ, prévenir le Nazer qu'il se rendait garant de l'impôt que sur l'heure il allait faire solder ; il demanda en conséquence la libération de ce malheureux. Pour toute réponse, le Nazer accabla le domestique d'injures et lui fit administrer une bastonnade qui ne cessa que lorsqu'un des *nabbouts* (1) se rompit ; puis tout *matrassé* de coups, le fit jeter en prison.

A peine informé de ce nouvel abus d'autorité, Prisse d'Avennes se rendit seul et en toute hâte près du Nazer. Il avait à cœur de lui reprocher l'illégalité des moyens qu'il employait pour faire payer un impôt, sans avis préalable ; il lui tardait de protester contre le cruel traitement qu'on avait fait subir à son serviteur, et de réclamer sa mise en liberté immédiate. Fort de la justice de ses réclamations, et bien que Abd el Kérym Aghâ fût réputé d'une cruauté excessive, il ne pensa pas à se munir d'armes pouvant, le cas

---

(1) Bâton de quatre à cinq pieds de long et d'un ou deux pouces de diamètre, connu dans le pays sous ce nom ; quelques-uns de ces énormes morceaux de bois sont garnis de peau ou de viroles en fer à une de leurs extrémités.

échéant, lui permettre, à la turque, de se faire respecter ; il avait seulement à sa ceinture un petit poignard qu'habituellement il portait dans ses excursions aux ruines.

Contrairement à l'ordinaire, personne ne se leva à son approche ; il réclama au Nazer son domestique en lui faisant observer qu'il n'avait aucun droit d'emprisonner ainsi ses gens sans le prévenir, et que si, à l'instant, il ne rendait la liberté à cet homme, il se plaindrait au Gouverneur.

« *Emchi yâ Kelb !* (Va-t-en, chien), répartit le Nazer, ou je te ferai subir le même sort. »

Ne pouvant croire à une telle insulte, Prisse le mit au défi d'abuser ainsi de son autorité ; puis comme Abd el Kérym Aghâ étendait la main pour le saisir au collet, et ordonnait à ses gens de s'emparer de lui, Prisse d'Avennes saisit le nabbout que tenait un des valets ou exécuteurs des hautes œuvres du Nazer et en frappa sur la tête et les épaules Abd el Kérym Aghâ, qui continuait de l'injurier.

Entouré par les gardes du Nazer, Prisse fut bientôt désarmé. Bien que seul à lutter contre cette bande de barbares, il se dégagea de l'étreinte de ceux de ses adversaires qui le retenaient, en les frappant du poing au visage ; mais cerné de nouveau, il fut attaqué de tous côtés. Aux premiers coups de bâton, il hésitait encore à se servir de son arme, mais les coups se succédant sans interruption, tous ses scrupules s'évanouirent, et, son poignard à la main, il s'élança sur celui de ces misérables qui venait de le frapper, le blessa grièvement et en atteignit deux autres plus légèrement. Devant cette intrépidité chevaleresque, ces brutes reculèrent un instant ; mais au moment où, pour se soustraire à leurs coups, Prisse d'Avennes cherchait à leur échapper, ils revinrent tous à la charge, et la lutte devenant par trop inégale, il succomba sous le nombre de ses adversaires auxquels s'était joint le Nazer lui-même, et, plus mort que vif, il fut jeté en prison.

Pendant qu'on le chargeait de fers, un Français qui habitait momentanément chez lui, M. le comte de Vergennes, aussitôt averti, vint à son secours; il fut aussi cerné, accablé de coups et traîné par la barbe jusqu'à la prison où il arriva tout sanglant, avec les trois serviteurs qui l'accompagnaient; puis, tous ensemble furent enchaînés. Dès le lendemain matin, nos deux compatriotes malgré leurs souffrances, avaient expédié un courrier à l'agent de France à Kéneh pour l'informer de leur situation, mais personne ne vint. Le gouverneur d'Esneh auquel ils avaient également écrit, ne se dérangea pas davantage, car pour légitimer sa lâche conduite, le Nazer lui avait envoyé un procès-verbal signé de témoins gagnés par des promesses ou contraints par la peur, et dans lequel il signalait nos deux Français et leurs domestiques, comme étant les promoteurs de ces désordres. Les Cadis de l'endroit qu'ils firent appeler pour dresser procès-verbal, en l'absence de notre agent consulaire, s'y refusèrent.

Prisse, son ami et leurs gens passèrent ainsi quatre jours et quatre nuits dans une prison infecte, pour ainsi dire privés d'air et de lumière, couchant sur le sol même au milieu de déjections de toutes sortes, réunis à vingt-cinq autres prisonniers que le Nazer avait fait bâtonner. Tous ces pauvres fellahs qui gisaient à leurs côtés avaient-ils bravé, comme eux, un pouvoir arbitraire? Non, mais dans l'impossibilité de payer de nouvelles taxes, ils avaient été mis sous le bâton parce qu'on espérait ainsi leur arracher la rançon du désespoir. Abandonnés là, privés de tout secours, plusieurs de ces malheureux moururent des suites de ce traitement barbare.

Dans la matinée du cinquième jour de cette détention meurtrière, par ordre du Gouverneur, on conduisit nos deux Français avec leurs gens à Esneh. Là, en arrivant, ils trouvèrent un archéologue français, M. Nestor L'Hôte avec lequel, sur cette terre étrangère, Prisse d'Avennes s'était plusieurs fois rencontré, et qui, instruit de l'événement, attendait impatiemment leur arrivée. C'est en sa présence qu'un *gawas* vint les délivrer de leurs chaînes pour les faire comparaître devant le Gouverneur. Ils refusèrent cette juridiction disant que ce *Mudir* (1) n'avait aucune qualité pour les juger ou leur donner la réparation qu'ils étaient en droit d'obtenir. Comme ils n'avaient pas mangé depuis vingt-quatre heures, ils profitèrent de leur liberté pour accepter le souper de M. Nestor L'Hôte, avec lequel M. le comte de Vergennes partit dans la nuit. Quant à Prisse d'Avennes, il resta, attendant réparation. Lorsqu'il revint à Louqsor, il trouva l'Agent consulaire qui, seulement alors, venait faire enquête, alors qu'il ne pouvait plus être utile à nos compatriotes. Prisse adressa au Consul Général de France, la narration succincte des événements dont il avait failli, avec son compagnon, être victime.

Peu de jours après, M. de Rohan-Chabot, secrétaire d'Ambassade, gérant le Consulat d'Alexandrie, lui répondit qu'il avait réclamé officiellement une prompte réparation pour les abus d'autorité dont on s'était rendu coupable à leur égard, et que le Pacha avait promis qu'une punition exemplaire serait infligée au Nazer ; mais par suite de la négligence que l'Ambassade apporta dans cette affaire, Abd el Kérym Aghâ ne fut condamné qu'à cinq jours d'arrêt.

(1) Mudir ou Moudir (Gouverneur).

Prisse d'Avennes considérant cette issue de l'affaire comme une véritable mystification, adressa de nouveau au Consul de France une lettre dans laquelle il lui disait : que lui et son compagnon, M. le comte de Vergennes, n'obtiendraient jamais de réparation satisfaisante, si lui, le Consul, n'adressait au Pacha des représentations énergiques, et s'il ne dictait lui-même le châtiment que l'honneur national était en droit d'exiger après d'aussi graves abus d'autorité. « Quand je pense, disait-il, qu'on coupe le poignet à un fellah qui ose lever la main sur un Turc, quel qu'il soit, je crois que nous sommes en droit d'exiger et d'obtenir une réparation plus éclatante qu'une prison ou qu'une simple bastonnade dont les Arabes qui y sont habitués s'inquiètent fort peu et dont nul ne se souvient quelques jours après. Il faut que le Nazer paie de sa tête les sanglants outrages qu'il nous a fait subir, afin d'apprendre à tout le monde, que la France sait se faire respecter au moins à l'égal d'un Turc.

Il n'obtint malheureusement qu'une réponse confuse et dilatoire.

Malgré ses réclamations réitérées pendant son séjour au Kaire, il ne put obtenir, tant était obstinée l'indifférence que montrèrent les divers consuls qui s'y succédèrent, d'autre réparation que l'arrêt prononcé contre le Nazer et la promesse d'être protégé désormais par l'autorité consulaire française, dans toutes les contrées de l'Egypte où bon lui semblerait d'aller.

L'épisode que nous venons de rapporter et dont M. Nestor L'Hôte a parlé dans ses œuvres inédites, vient ajouter encore à tout ce que nous avons déjà dit du caractère chevaleresque de Prisse d'Avennes. Ce qu'il a fait pour de pauvres fellahs, au péril de sa vie, prouve qu'il ne considérait dans cette circonstance que l'injustice criante et barbare dont ces malheureux étaient victimes, et que l'iniquité trouvait toujours en lui un ennemi implacable, n'importe en quel lieu il la rencontrait.

Lors de sa résidence au Kaire, en 1841, Prisse d'Avennes forma avec le docteur Abbott, une société littéraire, fonda une bibliothèque, ainsi qu'un centre de relations scientifiques ; mais les difficultés de publication et d'impression empêchèrent cette création de prendre l'extension qu'elle méritait. Lorsqu'en septembre de la même année, il fut question de nommer un *Conservateur des Monuments Antiques*, on le désigna au Pacha comme étant l'homme le plus capable de remplir ces fonctions ; mais Ibrahim-Pacha, peu soucieux des intérêts de la science, abandonna ce projet.

Durant ses longues explorations, maintes fois Prisse d'Avennes avait conçu l'étonnant projet, pour la rapporter en France, d'enlever au grand temple de Karnak (Thèbes), la *Salle des Ancêtres* de Thoutmès III, à laquelle les voyageurs modernes ont donné le nom de *Chambre des Rois*. C'est un des plus précieux monuments de l'histoire égyptienne (1). On peut la considérer comme un document *chronologique* tout aussi important et plus instructif même que la *Table d'Abydos*, qui orne le Musée Britannique. Cependant, bien que son projet fût entièrement désintéressé, la

______

(1) Ce monument est le tableau historique et généalogique des principaux rois qui, avant Thoutmès III, occupèrent le trône de l'Egypte. Il contient, en deux séries, soixante-et-un portraits de pharaons désignés individuellement par leur cartouche. Thoutmès III régna vers l'an 1736 avant Jésus-Christ ; il consacra cet édifice à la mémoire de ses ancêtres, il y a environ 3630 ans. Ce Pharaon y est lui-même représenté debout, aux deux points opposés, coiffé du *claft*, vêtu d'une simple *shantei*, offrant à chacune de ces assemblées royales, des tables chargées de victuailles, de

crainte du blâme l'avait toujours retenu. Apprenant enfin
l'arrivée de la commission prussienne ; témoin indigné des
dévastations auxquelles il ne pouvait s'opposer, et que l'on
ne cessait de commettre par ordre du Pacha, qui, pour
approvisionner de matériaux ses constructions de fabriques,
faisait ainsi détruire, avec une indifférence inouïe, la plupart
des anciens monuments (1) ; persuadé d'ailleurs que d'autres
seraient bientôt moins scrupuleux que lui, il n'hésita plus et
résolut de sauver, même au péril de sa vie, ce vénérable
monument, au profit de la Science et de son Pays. Et malgré
les rigoureuses ordonnances de Mohammed-Aly, qui défen-
daient sous les peines les plus sévères l'enlèvement d'aucune
antiquité, il s'en empara. Ce qui ajoute encore au mérite de
Prisse d'Avennes, c'est que pour cette entreprise superbe
d'audace, il ne disposait même pas des ressources stricte-
ment nécessaires ; son triomphe est celui d'un homme livré
à ses seules forces, et puisant son courage dans son amour
de la Science et de la Patrie. Déjà en 1838, lorsqu'il dessina
les bas-reliefs de cette Salle, il avait eu l'idée de cet enlèvement ; il avait fait exécuter des fouilles à l'intérieur et autour
de ce petit sanctuaire, espérant retrouver les pierres man-
quantes. Malheureusement, ses recherches furent vaines ;
toutes avaient disparu, mais dans l'enceinte de la Chambre,
il trouva les fragments d'un autel de granit rose, en forme

parfums et de fleurs. Ceux de nos lecteurs qui voudraient connaître toute
l'histoire de cette relique pharaonique, n'ont qu'à consulter d'abord l'intéressante : *Notice sur la Salle des Ancêtres de Thoutmès III*, par E. Prisse
d'Avennes, *Revue Archéologique*, année 1845, tome II, pages 1 et suivantes ;
ensuite le *Magasin Pittoresque*, mai 1848, pages 163 à 166. Voyez également
ce que dit au sujet de ce monument, M. Gustave Le Bon, dans *Les Premières
Civilisations*, Paris, 1889, page 211.

(1) En 1843 il y avait trente ans déjà, qu'à diverses reprises, les monuments de l'ancienne Égypte étaient exploités comme des carrières ; du
reste, les monuments arabes, musulmans et païens, n'ont guère été plus
épargnés.

de naos (1) et portant la légende royale (2) de Thoutmès III. C'est là sans doute que ce pieux roi déposait en réalité les offrandes qu'on voit figurées sur les murs de la Chambre des Rois.

Parti du Kaire le 14 avril 1843, notre savant égyptologue arriva à Thèbes le 30 au soir; il y trouva de nombreux ouvriers et fellahs occupés, dans diverses parties du palais de Karnak, les uns à briser d'énormes blocs, les autres à les charrier à la Salpêtrière de Karnak où furent englouties les colonnes de la cour de Bubastites. Les ouvriers promenaient leurs dévastations là où le travail était le plus facile sans égard à l'importance des vieux documents historiques qu'ils brisaient, et Karnak devenait une carrière où l'on ne cessait de puiser, détruisant ainsi pierre à pierre, malgré les réclamations de nos célèbres voyageurs, ces amas de constructions élevées durant vingt-cinq siècles.

Prisse résolut cette fois d'agir avec plus de promptitude et le plus secrètement possible, d'autant plus que quelques années auparavant il avait été contraint d'abandonner un rare et magnifique petit obélisque de granit, qu'il avait trouvé à Assouan et qui plus tard, après avoir figuré au musée du Kaire, passa en Angleterre au Muséum d'*Alnwick-Castle*. Son premier soin fut de s'assurer de l'état de la Salle des Ancêtres de Thoutmès III ; elle était encore en place, quoiqu'ayant beaucoup souffert par la démolition d'un mur attenant que les Arabes avaient détruit. Avant d'en entreprendre l'enlèvement, il fit un *estampage en papier* (3) des

(1) Sorte de chapelle ou de tabernacle.
(2) Cette légende a été aussi publiée dans le *Magasin Pittoresque*, mai 1848, page 164.
(3) Il est à remarquer que l'*estampage ou moulage en papier* est un procédé

bas-reliefs, pour témoigner de l'état dans lequel elle se trouvait alors. Après le départ du Gouverneur de la province, qui était en ce moment à Louqsor, Prisse d'Avennes réunit en secret une vingtaine d'ouvriers pour ce travail. Il avait amené du Kaire un bon tailleur de pierres, tous les outils à peu près indispensables et les planches nécessaires pour confectionner des caisses.

Le 14 mai 1843, malgré les faibles moyens dont il disposait, il se mit à l'œuvre et commença par faire maçonner en briques crues des murs d'épaulement pour soutenir les parois chancelantes de la Salle, et pouvoir faire agir les leviers, seule machine qu'il pouvait employer dans cette difficile et dangereuse entreprise. Quinze Arabes avaient peine à remuer quelques-unes des pierres qui composaient cette petite Salle ; il est vrai que l'énorme architrave qui s'appuyait sur l'un des murs avait 4^m,80 de longueur sur 1^m,20 de largeur et 0^m,90 d'épaisseur, et les deux grosses *traves* en pierre qui couvraient la Salle n'avaient guère moins. Malgré ses soins, malgré toutes les prudentes mesures qu'il avait fait prendre, et la construction d'un mur incliné pour faire glisser ces *traves* sans secousse, un ouvrier maladroit fut emporté avec son levier et blessé dangereusement à la tête ; un autre eut toutes les côtes meurtries, et reçut de graves contusions. Les blessés furent emportés sans connaissance

dont Prisse d'Avennes et Nestor L'Hôte se servaient déjà en 1832. C'était du reste un moyen sûr, rapide et peu encombrant, donnant avec une fidélité incontestable la copie de l'original, qu'ensuite on pouvait surmouler en plâtre. Ceux dont le relief était très accentué, étaient préalablement renforcés sur le monument même, à l'aide de plusieurs feuilles de papier mouillées et superposées, sur lesquelles on étendait une légère couche de colle au moment de les appliquer. Chaque feuille était successivement tamponnée à l'aide d'une brosse ou de morceaux de linge formant tampon. Tous les estampages étaient, avant le moulage, enduits d'un vernis spécial qui avait pour but de rendre le papier imperméable.

à sa tente, où il leur prodigua tous les soins que nécessitait leur état. Pour ne pas ébruiter l'accident, Prisse d'Avennes désirait garder ses malades près de lui ; mais il fut forcé de les rendre à leurs familles, auxquelles il fit payer régulièrement le double du salaire journalier, jusqu'à leur entier rétablissement.

Quand la salle des Ancêtres fut entièrement débarrassée de son pesant plafond, il fit desceller avec adresse les pierres et commencer le sciage de chacune d'elles, on poursuivit ce travail avec vigueur, à la lumière des torches-bougies, dès que la clarté de la lune n'éclairait plus assez. Cette opération qui ne s'effectuait qu'à l'aide de précautions infinies, était relativement avancée, lorsque Sélym-Pacha, gouverneur général de la Thébaïde (Haute-Égypte), vint à Louqsor présider un conseil de province. Une dénonciation ou la visite du Gouverneur pouvait compromettre le succès de l'entreprise ; il fallait redoubler de zèle et n'épargner aucun effort, aucun sacrifice pour en finir au plus vite. Notre intrépide voyageur qui jusqu'alors n'exécutait cet enlèvement que la nuit, tripla le salaire des ouvriers, et poussa l'audace au point de les faire travailler en plein jour. Pour prévenir toute visite, Prisse allait passer une partie de la journée près du Gouverneur d'Esneh et de Sélym-Pacha qui, tous deux, étaient à Louqsor, puis revenait la nuit diriger les travaux. Enfin, après dix-huit nuits et presque autant de journées d'un travail surhumain, il réussit à réunir sous sa tente, toutes les pierres de la *Chambre des Rois*. Des menuisiers avaient confectionné des caisses, où l'on déposait les pierres, au fur et à mesure que les scieurs les enlevaient. Sûr désormais d'avoir sauvé d'une destruction inévitable, et acquis à son pays un des plus précieux monuments de l'antiquité égyptienne, il attendit que le départ du Gouverneur lui permît de faire transporter toutes ses caisses à bord de sa barque et de partir immédiatement pour le Kaire.

Cet enlèvement était une véritable conquête, surtout pour un homme qui n'avait reçu mission que de son zèle et de son patriotisme. L'audace croissant avec le succès, il voulut utiliser ce retard forcé, et se décida à faire tailler, au retour de la lune, une *stèle colossale de Ramsès* XV; c'est le seul monument connu de ce Pharaon; on y voit qu'il fit une expédition dans le pays de *Baschtan (Ectabane?)*, pour délivrer ou épouser la fille du roi. Cette stèle historique avait été copiée déjà par Champollion, qui en a cité divers passages dans sa *Grammaire égyptienne*; elle méritait donc à plus d'un titre d'être conservée. Prisse d'Avennes fit scier pareillement un petit bas-relief provenant des monuments proscrits par les rois de la XVIII° dynastie, qui avait été employé dans la construction d'un des propylées sud de Karnak; il représente une adoration de *Basch en Aten re*, au soleil, sous la forme d'un disque d'où partent de nombreux rayons qui caressent le roi et agréent son encens. De retour en France, il en publia la copie dans ses *Monuments Egyptiens* (planche X). Ce bas-relief, que plusieurs écrivains désignent sous le nom de *Bakhan*, est le seul de ce genre en Europe.

Prisse d'Avennes venait encore d'enlever deux stèles égyptiennes datant de 3 à 4000 ans avant Jésus-Christ; l'une provient d'une tombe et représente des scènes de la vie domestique; sur l'autre, on voit diverses scènes d'adoration à Osiris, à Harmakhis, à Anubis et à Hathor. Il avait commencé d'autres travaux pour enrichir nos collections, quand il fut dénoncé au Gouverneur d'Esneh qui était encore à Louqsor et qui lui écrivit la lettre suivante :

Traduction de la lettre du Mudir (gouverneur) d'Esneh, adressée à M. Prisse, en date du 11 *Djemazi el Aral* 1259.

« J'ai appris que vous demeurez dans le *Berabi el Kuferi* et que vous y coupez secrètement les gravures qui s'y trouvent en les mettant dans des caisses. J'ai été fort étonné de cela parce que vous n'ignorez pas les ordres de S. A. qui défendent de rien enlever des Antiquités ni des monuments. Puisque c'est contre la volonté de S. A. que vous avez agi, je vous engage d'apporter ici toutes les Antiquités et les gravures que vous avez mis dans des caisses, afin que je puisse agir en conséquence à leur égard, conformément aux ordres qui me sont donnés. Je vous défends d'oser commettre, dorénavant, de pareille contravention et je vous invite à quitter le *Berabi* et d'aller demeurer dans une maison ailleurs.

« Je vous préviens que, si vous ne venez pas avec les caisses que je vous demande, il n'y aura plus de rapports avec vous. Veuillez donc vous y conformer.

« Pour traduction conforme.

« Kaire, le 27 juillet 1843.

« *Le secrétaire interprète, chancelier substitué*
du Consulat de France.

Signé : P. Naggiar.

« Pour légalisation de la signature du chancelier substitué,

« *Le gérant du Consulat.*

« *Signé :* A. Geafsoz. »

Prisse d'Avennes s'occupait encore de faire sa réponse à cette sommation, quand plusieurs soldats turcs arrivèrent pour visiter les lieux et emporter ce qu'il avait eu tant de peine à conquérir. Quand ils furent près de sa tente, ils voulurent en forcer l'entrée ; mais leurs menaces ne triomphèrent point de la fermeté du courageux voyageur, qui, armé de sa carabine, les força d'en respecter l'inviolabilité. Les soldats restèrent là tandis que leur chef allait porter plainte au gouverneur chez lequel notre savant compatriote se rendait et auquel il représenta qu'on n'avait aucun droit de faire des perquisitions dans sa tente ; qu'aux termes de nos capitulations avec la Porte, son domicile était inviolable, et qu'il ne reconnaissait pas le prétendu droit qu'on s'arrogeait de lui interdire le séjour des ruines de Karnak. Le gouverneur n'osa pas s'emparer de sa personne à cause de l'influence que notre éminent archéologue s'était acquise depuis sa résidence en Egypte par son dévouement et les services qu'il y avait rendus aux *vu* et *su* de tout le monde ; il se contenta alors de poser des gardes qui devaient s'opposer à l'enlèvement des caisses, et mit l'embargo sur sa cange. Au bout d'un mois d'attente, fatigué de tous ces délais, Prisse d'Avennes se décida à vaincre la résistance du gouverneur ; il fit des cadeaux et acheta la permission d'enlever les vingt-sept caisses d'Antiquités, qu'il dut faire transporter pendant la nuit à bord de sa barque. Il mit à la voile et après seize jours de navigation, il arriva au Kaire, ou plutôt à deux lieues de la capitale, où, par précaution, il fit arrêter sa barque. Il se rendit chez le Vice-Consul de France, qui, n'ayant pas reçu d'ordre officiel, ne voulut point lui prêter assistance, disant qu'il était en contravention formelle avec les ordres du Pacha. « *Vous avez, ajouta-t-il, si bien réussi jusqu'à présent dans une opération qui me semblait impossible, que vous ne pouvez échouer au port.* » Ce n'est que grâce à des précautions infinies qu'il put éviter la douane

et arriver à Alexandrie. Là, M. Benedetti, gérant du Consulat
général de France, ne voulut point non plus l'assister dans
cette circonstance ; et ce n'est qu'après trois jours d'attente,
de démarches et, sur l'insistance de Prisse, qu'il finit par
faire déposer les caisses d'antiquités dans *les magasins du
Gouvernement Égyptien*, sous le titre d'*objets d'histoire naturelle destinés au Musée de Paris*, plutôt que de les avoir mis
sous la protection du pavillon national. Prisse d'Avennes
fut réduit à accepter cette pénible transaction, qui aurait
pu être funeste à ses précieuses antiquités, en attendant les
instructions de notre ministre auquel il avait écrit.

Au commencement de la même année, Prisse d'Avennes
avait offert à la *Société de Géographie*, d'explorer à tous les
points de vue la presqu'île de Méroë, et en particulier les
ruines de *Mandera* (1). Ce théâtre, jadis célèbre et si digne
d'intérêt, était à peine connu à cette époque. Aussi,
M. Jomard, membre de l'Institut royal et Président de la
Commission Centrale de la *Société de Géographie*, avait-il
accepté avec empressement ces offres de services (2). C'est
à lui que Prisse d'Avennes adressa les résultats de ses inté-
ressantes explorations.

(1) Ruines remarquables situées entre le Nil et l'Atbarah, à peu près
à égale distance de *Gos-Regiab*, de *Sofié*, d'*Abuharaze* et de *Gurkab*.
(2) Voici le texte de la réponse de M. Jomard à Prisse d'Avennes.

SOCIÉTÉ
DE GÉOGRAPHIE   Paris, le 27 mai 1843.
—
23, rue de l'Université.
—
                                              « Monsieur,
« J'ai communiqué à la *Société de Géographie* la lettre que vous m'avez
fait l'honneur de m'écrire pour m'annoncer votre projet de voyage aux
ruines de Mandera, presqu'île de Méroë.
« La commission centrale a accueilli avec empressement vos offres de
services, et, sur ma proposition, elle a chargé sa section de correspondance
de préparer quelques notes sur les contrées que vous vous proposez d'ex-

Lorsqu'il revint à Thèbes, la saison était trop avancée
pour entreprendre le voyage projeté au Sennaar; puis,
entrevoyant encore maintes difficultés au sujet de ses antiquités, espérant toutefois recevoir, d'un moment à l'autre,
des instructions du Ministre, Prisse ne voulut point trop
s'éloigner. Il fit une excursion jusqu'à la deuxième cataracte,
visita rapidement les Oasis, puis explora de nouveau les
ruines de la Nécropole. Triste et pour ainsi dire découragé
du peu d'intérêt que lui témoignaient les Autorités françaises, mais espérant qu'en France on saurait mieux apprécier tout ce que ses exploits archéologiques lui avaient coûté
de fatigues, d'anxiétés et de sacrifices, il ne voulut point
rester plus longtemps dans ce pays où déjà il avait tant
lutté; mais il ne le quitta cependant qu'après l'embarquement
de la *Chambre des Rois*, embarquement que l'indifférence
et le mauvais vouloir du Consul avait compromis. Le Pacha
fut instruit de l'enlèvement et s'opposait à sa sortie, d'autant
plus que voyant les énormes bénéfices qu'avaient retirés
quelques Européens de la vente des antiquités égyptiennes,
il avait résolu de s'en réserver le monopole. Ce n'est qu'en
écrivant lettre sur lettre à M. Villemain, alors ministre de
l'Instruction publique, en faisant démarches sur démarches
et en employant toute la volonté, toute l'audace dont il était
capable, qu'il parvint à la faire embarquer et amener en
France. Voici ce que publiait la *Revue Archéologique*,

plorer. J'ai l'honneur, Monsieur, de vous transmettre ces notes, en vous
priant de vouloir bien nous communiquer les résultats de vos intéres-
santes explorations.

« J'ai l'honneur de vous présenter, Monsieur, l'assurance de ma considération très distinguée.

« *Le Président de la Commission centrale,*
Signé : JOMARD,
Membre de l'Institut Royal. »

A Monsieur Prisse, vice-président de la Société littéraire du Kaire.

année 1844 (tome I, page 261), au sujet de cet enlèvement :

« Nous recevons une lettre de M. E. Prisse qui nous annonce l'arrivée en France d'un monument du plus grand intérêt, et dont il a fait don à la Bibliothèque Nationale : ce sont les fameux bas-reliefs de la Salle des Ancêtres de Mœris Thoutmès III) qu'on voyait, il y a peu de temps encore, au milieu des ruines de Karnak. Parmi les monuments dynastiques de l'ancienne Égypte, la petite salle qui contient la table généalogique des ancêtres de Mœris est, sans contredit, l'un des plus précieux, et tous les hiérogrammates qui l'ont fait connaître par des descriptions et des dessins, ont senti l'importance de ce vieux document historique qui sert, en quelque sorte, de complément aux fragments mutilés de Manéthon dont l'ouvrage composé, comme on le sait, d'après les monuments mêmes, ne nous est pas parvenu en entier. Les bas-reliefs de la Chambre des Rois présentent, en deux compartiments, environ soixante portraits d'anciens Pharaons rangés dans leur ordre dynastique, et dont la plupart des noms ont été déchiffrés, soit par Champollion lui-même, soit par d'autres savants élevés à son école. On doit savoir gré à M. E. Prisse d'avoir sauvé la Chambre des Rois du vandalisme des barbares, de son enlèvement par la commission prussienne, qui explore en ce moment l'Égypte, et d'avoir surtout refusé de la vendre à l'Angleterre où est malheureusement passée la célèbre table d'Abydos. »

On peut être étonné de voir si peu d'empressement de la part des pouvoirs publics, à soutenir la cause d'un homme qui, sans ressources, au péril de sa vie, se dévoue pour doter sa patrie de précieux monuments ; qui, par pur patriotisme, refuse de les vendre à l'Angleterre malgré ses propositions séduisantes (100,000 francs), et qui, par un désintéressement qu'on ne saurait trop louer, les offre en pur don à son pays, tandis que d'autres, au contraire, à qui l'on prête assistance et protection, en tirent profit en les vendant à l'étranger.

Bientôt enfin, l'embarquement de ses Antiquités eut lieu à bord du vapeur le *Cerbère* (capitaine Vial), bâtiment sur lequel lui-même monta le 15 mai 1844 au soir. Le navire quitta la rade d'Alexandrie, le lendemain, au point du jour. La traversée s'effectua sans incident notable ; on longea les côtes de Candie, de la Calabre, on resta une journée à Messine ; puis, après avoir passé en vue de Scylla, de Stromboli, de la Corse et de l'île d'Elbe, on arriva, le 27 vers minuit au port de Toulon, où notre savant égyptologue resta quelque temps afin de surveiller le transbordement de ses antiquités. A ce sujet, M. Villemain, ministre de l'Instruction publique, lui adressa la lettre suivante :

MINISTÈRE
DE
L'INSTRUCTION PUBLIQUE
———
Paris, le 14 juin 1844,

M. *PRISSE*, à *Toulon*,
à bord du *Cerbère*.

« Monsieur, j'ai reçu la lettre que vous m'avez fait l'honneur de m'écrire, et par laquelle vous m'annoncez l'arrivée dans le port de Toulon des vingt-sept caisses contenant les bas-reliefs de la Chambre des Ancêtres de Mœris. D'après votre désir, je viens d'écrire à M. le Ministre de la Marine, en le priant d'adresser à M. le Préfet maritime à Toulon les recommandations nécessaires pour que la réparation des caisses puisse se faire en votre présence et qu'elles soient chargées, aussitôt qu'il sera possible, sur un bâtiment de l'État, en partance pour le Havre.

« Vous m'avez fait l'honneur de m'écrire, Monsieur, à la date du 18 mars 1843, que vous vous engagiez à faire remettre, exemptes de tous frais, au bâtiment qui serait chargé de les transporter en France, les caisses contenant les bas-reliefs mentionnés plus haut. Mais le transport jusqu'à Paris donnera lieu sans doute à quelques frais, soit par suite de la réparation des caisses dans le port de Toulon, soit pour le transport du Havre à Paris. Je vous prie de vouloir bien m'indiquer le montant probable de cette dépense.

« J'attends, Monsieur, votre arrivée à Paris, pour vous exprimer toute l'approbation qui s'attache au noble sentiment d'après lequel vous offrez aux établissements scientifiques de notre pays, et spécialement au Musée de la Bibliothèque royale, les précieux débris recueillis par vous au milieu des ruines de l'ancienne Égypte. Plus tard, s'il entrait dans vos vues de recevoir du Gouvernement une mission directe d'exploration archéologique, je serais heureux de pouvoir faciliter par quelques avantages vos savantes recherches.

« Recevez, Monsieur, l'assurance de ma considération distinguée.

« *Le Pair de France,*
« *Ministre de l'Instruction publique,*
« *Signé :* VILLEMAIN. »

Lorsque la réparation des caisses fut terminée, Prisse d'Avennes repartit pour Paris, alla faire visite à M. Villemain pour l'entretenir de la Chambre des Rois, qui n'était pas encore arrivée, mais la nouvelle de son enlèvement s'était répandue; aussi fit-il en peu de jours, la connaissance de la plupart des savants de cette époque, dont il serait oiseux, ce nous semble, de citer ici les noms. Par la suite, sa demeure devint chaque jour, et plus particulièrement, le mardi et le vendredi de chaque semaine, un lieu de réunion où les amis, les intéressés et les principales sommités Françaises et Étrangères venaient le consulter. Là, dans son ardent amour pour la science, il pouvait donner libre cours à son imagination et mettait ses conseils et ses lumières à la disposition de tous, avec une charmante amabilité et une « inépuisable obligeance », comme le dit si justement M. Adrien Arcelin, page 31 de sa notice, l'AGE DE PIERRE *et la classification préhistorique, d'après les sources Egyptiennes.* Paris 1873.

Dans ces conférences, concurrents ou adversaires discutaient une foule de questions littéraires, scientifiques et artistiques. Tous écoutaient avec sympathie la parole prépondérante du maître. La justesse, la largeur de ses vues, son goût, son savoir et ses connaissances spéciales, qu'avec une rare habileté il savait faire goûter aux autres, captivaient ainsi l'attention de ses auditeurs, desquels il était non seulement apprécié mais souvent même admiré. Ses nombreux visiteurs dont tous ne partageaient pas toujours sa manière de voir, s'accordaient à reconnaître que, malgré son caractère un peu altier et surtout indépendant, il était doué d'un esprit supérieur, d'un talent exceptionnel et réunissait un ensemble de qualités d'esprit aussi puissantes que diverses.

Avant de s'occuper d'aucune publication, il se rendit à Londres où l'appelaient différentes affaires; durant son séjour, il rédigea son importante notice sur les antiquités égyptiennes du Musée Britannique, que plus tard il publia en France, accompagnée de gravures faites d'après ses dessins.

Il était à peine de retour à Paris lorsqu'il reçut, le 26 avril

1845, une récompense bien méritée de son dévouement à la Science et à son Pays; il venait d'être nommé *Chevalier de la Légion d'Honneur;* mais il devait, malgré ses importants et remarquables travaux, rester Chevalier jusqu'à sa mort pour n'avoir pas voulu jurer obéissance et fidélité au roi Louis-Philippe, et cependant, lorsqu'à son retour d'Egypte il s'était dénoncé au Roi, comme réfractaire à la loi militaire, Louis-Philippe lui répondit: « *Nous voudrions avoir beaucoup de réfractaires comme vous.* » Lorsque le 3 juin, M. Letronne, nommé son parrain en cette circonstance, voulut, en lui remettant son brevet et sa décoration, lui faire prononcer la formule du serment, il répondit : « *Je garde ma liberté, je ne prête pas serment à un homme; si je mérite cette distinction donnez-la moi, sinon gardez-la.* »

Cependant, les Ministres (M. Guizot, Affaires étrangères et M. de Salvandy, Instruction publique), appréciant son talent et ses utiles connaissances, le chargèrent de différentes missions en Égypte aussitôt que serait réédifiée à la Bibliothèque Nationale, la Salle des Ancêtres de Thoutmès III. Ce qu'il avait fait sans fortune, sans mission et sans assistance, était un sûr garant de ce qu'il saurait faire. Les travaux avançaient bien lentement, et quoique le Ministre eût accepté en entier son projet de restauration, il éprouva des contrariétés de tous genres. La porte (1), en pur style égyp-

-----

(1) Voyez cette porte dans l'ouvrage intitulé: *Voyage illustré dans les cinq parties du monde*, par Adolphe Joanne, Paris 1849. Voici ce qu'en dit cet auteur, à la page 247 de son livre:

« On peut voir (grav. 365, page 223), une véritable restauration des monuments de l'Egypte ancienne à la Bibliothèque Nationale de Paris. C'est la Chambre des Ancêtres de Thoutmès III, que M. Prisse a rapportée en partie de Karnak avec des dessins des ruines de la Chambre des rois (grav. 364, page 222), mais à laquelle on n'a pas donné pour entrée la porte (grav. 367, page 224) dont il avait projeté la restauration. Cette

tien qu'il avait proposée fut d'abord supprimée, puis remplacée, malgré lui, par un grand vitrage qui enlevait à la Salle tout son caractère et son harmonie; si, aujourd'hui, la porte n'existe pas, le vitrage en est au moins retiré. Il fut impossible à Prisse d'Avennes de faire exécuter la réédification de ce monument, telle qu'il l'avait soumise au Ministre, et ce, à cause de toutes les difficultés que lui suscitèrent le Directeur, les conservateurs de la Bibliothèque et en particulier le Conservateur du Cabinet des médailles.

En attendant que ce travail fût achevé, il s'occupa de diverses publications: entre autres, celle qui a pour titre: MONUMENTS ÉGYPTIENS, *bas-reliefs, peintures, inscriptions, etc.*, faisant suite et complément aux *Monuments de l'Égypte et de la Nubie* de Champollion le jeune. Cet ouvrage fut publié sous les auspices de M. le comte de Salvandy, Ministre de l'Instruction publique, mais ce dernier le limita à cinquante planches au lieu de cent, et en supprima le volume de notices descriptives qui devait l'accompagner (1) : tout cela sous le prétexte de hâter le départ de Prisse d'Avennes et de

Chambre a été édifiée sous le quatrième roi de la dix-huitième dynastie Thoutmès III (grav. 383, page 234), qui vivait environ 1750 ans avant Jésus-Christ. Elle appartient à la plus belle époque de l'art égyptien. Cependant, elle ne doit guère sa célébrité qu'aux inappréciables renseignements qu'elle fournit pour l'histoire des dynasties égyptiennes; car elle renferme un tableau historique et généalogique des principaux rois qui, avant Thoutmès III, occupèrent le trône de l'Égypte. Une pierre brisée à Paris a été dessinée au pinceau, d'après les estampages, de manière à imiter l'original. Quant aux lacunes qui déparaient le monument depuis un temps immémorial, M. Prisse a tenté d'y suppléer, par une légère esquisse tracée en rouge dans le genre égyptien. Conquis et sauvés par les efforts et les sacrifices de M. Prisse, ces précieux débris de l'antiquité ont été généreusement donnés par lui à l'État. C'est grâce au désintéressement de notre savant compatriote que la Bibliothèque Nationale s'en est enrichie. »

(1) Voyez la préface de ses *Monuments Égyptiens*.

lui permettre d'accomplir plus tôt les missions dont il avait été chargé. Ainsi mutilé, l'ouvrage ne présentait plus le le même intérêt; mais il fallut s'y soumettre; il était terminé, et malgré les mutilations qu'il avait subies, Ampère en avait fait l'éloge dans la *Revue des Deux-Mondes* de la même année, et Raoul Rochette le citait à toutes ses leçons sur l'Archéologie Egyptienne.

Notre savant publia à la même époque, 1° l'*Album Oriental*; 2° le *Fac-simile d'un* PAPYRUS EGYPTIEN, *en caractères hiératiques*. Le Ministère de l'Instruction publique souscrivit plusieurs fois à cet ouvrage. Ce PAPYRUS EGYPTIEN, dont Prisse d'Avennes fit don à la Bibliothèque Nationale, et auquel on a donné le nom de *Papyrus Prisse*, est de plus de 3300 ans antérieur à l'ère chrétienne (1), il remonte au règne du roi *Assa*, dont on a retrouvé les cartouches dans les hypogées de Sakkara. Prisse avait trouvé ce Papyrus dans la Nécropole de Thèbes où il faisait exécuter des fouilles à ses frais, près du tombeau d'Enintef, dans la partie appelée *Drag Abou-Nagga* (2). Le *Papyrus Prisse* est traduit, expliqué et commenté dans son cours (*Démotique, Copte, Droit Egyptien*), par M. Eugène Revillout, notre savant professeur à l'Ecole du Louvre et Conservateur-Adjoint des Musées Nationaux. 3° Prisse d'Avennes publia son intéressante *Notice sur la Salle des Ancêtres de Thoutmès III*, etc., etc. De cette

---

(1) Ce Papyrus est considéré par MM. de Rougé, Chabas, E. Revillout, S. Birch, etc., comme étant le plus ancien manuscrit connu dans le monde entier. M. J. H. Mitchiner, de la *Revue Américaine Knowledge* (année 1893), est aussi de cet avis. Voyez l'intéressante et curieuse description qu'en font 1° M. Chabas dans sa notice: LE PLUS ANCIEN LIVRE DU MONDE. ÉTUDE SUR LE PAPYRUS PRISSE; *Revue archéologique*, 1er janvier 1858; 2° M. Gustave Le Bon dans son ouvrage: *Les Premières Civilisations*, Paris 1889, pages 358 et 359; 3° M. G. Laffitte, dans la *Revue des Revues*, pages 622 à 624, livraison d'août 1893. Voyez également le *Papyrus Prisse*, par le docteur Lauth, dans la *Revue Sitzungsberichte*, année 1869, tome II, pages 4 et suivantes.

(2) M. Chabas l'écrit *Draa-Abou-Nadja*.

dernière publication, et au moment de son apparition, Letronne fit l'éloge, d'abord dans le *Journal des savants*; puis, dans sa plaquette sur la *Table d'Abydos* (*Revue Archéologique*, année 1845, tome II pages 203 et 204), il s'exprime ainsi:

« Cette notice est des plus curieuses et fort savante; elle montre, dans l'auteur, une grande connaissance de l'archéologie et de la philologie égyptiennes. C'est à ce voyageur que la France devra de posséder les bas-reliefs de cette *Chambre des Rois*, qu'on peut considérer comme un monument *chronologique* tout aussi précieux que la *Table d'Abydos* qui orne le Musée Britannique. Après les avoir fait scier, transporter à Alexandrie, en dépit des obstacles qu'il a rencontrés, et de là en France, M. Prisse, par un désintéressement qu'on ne saurait trop louer, les a offerts en pur don à son pays. Par ordre de M. le Ministre de l'Instruction publique, ils vont être exposés à la Bibliothèque royale ».

Les travaux de la *Chambre des Rois* touchaient enfin à leur terme, et il ne restait plus qu'un vernis à y appliquer pour préserver ces bas-reliefs des vicissitudes de notre climat; on ne voulut point permettre à Prisse d'Avennes d'employer celui qu'il avait proposé (1) sans le soumettre

---

(1) Vernis : Pour faire revivre l'éclat des couleurs des bas-reliefs de la Chambre des Rois et s'opposer aux effets de l'humidité, qui, dans nos climats, détériorent assez vite le grès égyptien, M. E. Prisse d'Avennes propose d'appliquer, sur les parois de ce petit monument, un vernis incolore, composé de gomme laque réduite en poudre et dissoute dans l'alcool chauffé au bain-marie. La proportion est de trois onces de gomme laque sur une pinte d'esprit de vin. Ce vernis, qui doit être appliqué avec un blaireau et à diverses reprises jusqu'à ce que le grès en soit bien imbu, paraît le plus propre à raviver les peintures et à les préserver de l'humidité. Il a déjà été employé avec succès par M. Dubois, sous-conservateur du Musée des Antiquités.

E. PRISSE D'AVENNES.

préalablement à l'analyse d'un chimiste de l'Académie des Sciences. Comme le rapport de M. Dumas se faisait trop attendre, il consigna la *Chambre des Rois* à la Direction de la Bibliothèque Nationale, pensant que ce dernier travail pouvait se faire sans lui. Plus tard, ce monument qui lui avait coûté tant d'efforts, de peines et de sacrifices à conquérir, il eut le chagrin de le voir tout noirci et détérioré par l'application à chaud d'un vernis bitumeux dont M. Dumas, alors Ministre des Travaux publics, et par intérim, Ministre de l'Instruction publique, avait fait sans doute le malencontreux essai sur le plus précieux débris de l'histoire pharaonique.

Depuis l'application désastreuse de ce vernis bitumeux, il ne reste plus aucune trace de ces belles peintures qui ornaient encore ces *Bas-reliefs* et provoquaient l'admiration de tous par leur conservation. Ce que trente-cinq siècles avaient respecté, l'indifférence et l'ignorance l'ont détruit.

Aujourd'hui encore (1894), ce monument est à la même place qu'on se décidait à lui assigner provisoirement à la fin de 1845, après un hiver passé sous la pluie et la neige. Il est à la Bibliothèque Nationale, dans un coin du vestibule du Cabinet des médailles ; il y est absolument privé de lumière ; c'est à peine si l'œil, après s'être fait à l'obscurité, peut en saisir le dessin ; on sent plutôt le relief qu'on ne le voit ; par place, la pierre commence à s'effriter, et si avant peu cette relique archéologique n'est pas réédifiée dans un endroit sec et aéré, on n'en apercevra bientôt plus les belles gravures. N'était-ce pas assez, pourtant, de l'avoir si longtemps laissé exposé à toutes les intempéries dans la cour de la Bibliothèque, sans encore lui assigner une place aussi peu digne ? Nous avons eu entre les mains la lettre de M. le Ministre

Dumas, du 31 décembre 1844, par laquelle il priait M. Naudet, Directeur de la Bibliothèque, de prendre de promptes mesures pour mettre ce précieux monument à l'abri de la gelée. Le *Magasin pittoresque* de mai 1848 (pages 163 à 166), tout en reproduisant les gravures de cet antique et précieux monument, signale aussi cette incurie, dans l'intéressante description qu'il en fait. Il eût été en effet, préférable à tous égards de laisser Prisse d'Avennes décider de la question comme il l'entendait, d'autant plus que tant par ses connaissances spéciales que par l'autorité du *fac-simile* restauré avec toutes ses couleurs, ainsi que par les *estampages en papier* qu'il avait eu la précaution de prendre avant l'enlèvement, il pouvait avec plus de compétence que tout autre, combler les lacunes des pierres qui, pendant le transport, s'étaient brisées.

A ces griefs, nous pouvons ajouter la remarque de M. James Gordon qui, devançant notre opinion, dans sa notice sur les CAUSES DES ERREURS *que l'Antiquité nous a transmises au sujet de l'Orient* (pages 24 et 25, Paris, 1852), s'exprime ainsi :

« C'est à peine si le don gratuit de la *Chambre des Ancêtres* un des plus précieux monuments pour son intérêt historique, a valu un remerciement au voyageur qui l'avait rapportée de Thèbes et l'a offerte à la Bibliothèque Nationale, tandis que Charles X, contraint par l'opinion (des savants), avait acheté au poids de l'or le fameux *Zodiaque de Denderah* qui, au lieu de représenter l'état du Ciel à une époque incalculable, n'était qu'un mauvais thème de nativité, une sottise d'astrologie judiciaire, postérieure à l'ère chrétienne. »

La Révolution de 1848 fut un obstacle à la réalisation de plusieurs des projets de Prisse d'Avennes, comme elle l'empêcha d'accomplir les différentes missions en Egypte, que le Gouvernement de Juillet lui avait confiées.

Après ces événements, on l'avait proposé pour être *Conservateur des Antiquités égyptiennes au Musée du Louvre ;* il était incontestablement le plus apte d'après ses connaissances spéciales et ses travaux, à remplir ce poste avec avantage ; mais, cette fois encore, les intrigues et la camaraderie l'emportèrent sur le talent et le mérite. Trop franc et trop fier pour pactiser avec les habiles, il préféra y renoncer plutôt que de ramper ou d'user d'adulations ; c'est du reste la ligne de conduite qu'il suivit toute sa vie. Le Ministre donna ce poste à un de ses amis qui niait la science hiéroglyphique et disait que Champollion et les savants de son genre étaient des charlatans et des mystificateurs. Ecœuré de toutes ces menées, notre savant ne voulut même point, malgré ses remarquables études sur l'Egypte ancienne, malgré aussi diverses sollicitations, se faire porter sur la liste des candidats à la chaire d'*Archéologie Egyptienne*, laissée vacante au Collège de France par le décès de M. Letronne.

Lorsqu'en mai 1849, on s'occupa aux Invalides de terminer le tombeau de Napoléon Ier, il fit proposer au président de la République, par l'entremise de M. Vieillard, un projet d'achèvement, au sujet duquel il ne reçut jamais de réponse nonobstant l'importance, la valeur exécutive et le vrai sens patriotique de ce projet. Il est incompréhensible qu'on ne l'ait pas adopté, car sous tous les rapports, ce projet était avantageux et, de plus, rappelait une de nos plus glorieuses campagnes ; aussi croyons-nous intéressant à bien des égards de le mentionner d'après la minute.

Voici ce que contenait ce projet :

« Le sarcophage de l'Empereur Napoléon, composé de quatre blocs de grès rouge venant de Russie, coûte déjà au Gouvernement, près de 300,000 francs. Quel que soit l'art qu'on apporte à réunir ces pierres, elles n'offriront jamais la solidité, la beauté et la durée d'un monolithe.

« Les blocs qui viennent d'arriver à Paris rappellent involontairement par leur provenance, le souvenir de la retraite de Moscou. Un *monolithe d'Egypte* rappellerait au contraire une des campagnes les plus mémorables de l'Histoire, et nous paraît à tous points de vue, le sépulcre le plus digne du grand conquérant.

« Avec le vingtième de la somme dépensée jusqu'ici pour les blocs de grès, on aurait pu tirer d'Egypte, non des Nécropoles royales, un sarcophage vide de la poussière d'un Pharaon, mais des carrières exploitées par les anciens Egyptiens et les Romains, un sarcophage vierge, un monolithe ébauché, soit de *granit rose*, de *porphyre*, de *basalte* ou de *brèche verte*.

« On trouve encore dans les carrières délaissées depuis le Bas-Empire, de nombreux sarcophages ébauchés et abandonnés sur place. Il y en a plusieurs en porphyre, matière dont la dureté exige un travail long, pénible et dispendieux qui se trouverait déjà à moitié fait. On amènerait facilement en France un de ces superbes monolithes; on le terminerait à peu de frais et en moins de temps que les blocs que nous possédons.

« Un ancien Ingénieur civil au service du Pacha, M. E. Prisse d'Avennes qui a passé plus de quinze années (1) en Egypte, et exploré avec soin toutes les carrières exploitées

____

(1) Ce document est antérieur aux dernières missions remplies par Prisse d'Avennes.

jadis par les Egyptiens, les Grecs et les Romains, s'offre pour
remplir cette mission.

« Le voyage, aller et retour, le séjour de la quarantaine,
les recherches à faire sur les lieux exigeraient six à huit
mois de temps. Les sarcophages ébauchés dans les carrières
manquent généralement de couvercles, et il faudrait deux
ou trois mois pour en tailler un dans le même bloc que la
cuve. Néanmoins, 15,000 francs suffiraient pour frais de
voyage, achat d'outils, travaux à faire sur les lieux et pour
le transport du sarcophage.

« Un ouvrier expert serait adjoint à M. E. Prisse
d'Avennes pour exécuter sous sa direction les travaux que
nécessiterait l'enlèvement du monolithe qu'un des paque-
bots de la Méditerranée pourrait transporter en peu de
jours, d'Alexandrie à Marseille ; un autre bâtiment l'amènerait au Havre et du Havre d'où il arriverait par la Seine, à
l'Hôtel des Invalides.

« Six à huit mois de voyage et de séjour à raison de mille
francs par mois, soit . . . .   8,000 fr.
« Aller, retour et quarantaine, pour deux per-
sonnes. . . . .   2,000 fr.
« Outils, ustensiles, tentes et bagages. . . . . .   2,000 fr.
« Transport du sarcophage des carrières jusqu'à
Alexandrie . . . .   2,000 fr.
« Dépenses imprévues. . . . .   1,000 fr.
                                                    ____
« Total. . . . . . .   15,000 fr.

« Mai 1849, *signé :* EMILE PRISSE D'AVENNES,
« 29, Rue Vanneau. »

Dans le courant de la même année, Prisse d'Avennes avait
entrepris de traduire un ouvrage fort intéressant sur les
Antiquités de la vallée du Mississipi, que M. Gliddon venait

de lui envoyer d'Amérique; mais aucun éditeur ne voulut, malgré son importance, acheter ni publier cette traduction. Il avait aussi, dans les premiers mois de 1850, projeté et arrêté de concert avec M. de Saulcy, de publier l'ouvrage suivant : JÉRUSALEM ET LA JUDÉE, *histoire de l'Art Chananéen et Judaïque, illustrée par les monuments authentiques ou les monuments contemporains, Egyptiens et Assyriens,* atlas et texte, deux volumes grand in-4° contenant 110 planches environ, accompagné de nombreuses vignettes. Tout était pour ainsi dire terminé, lorsqu'au moment de conclure définitivement le traité, l'éditeur se ravisa, et ce projet échoua.

Rebuté par tous ces échecs, Prisse d'Avennes se disposait à reprendre son ancienne profession d'ingénieur et allait partir en Algérie pour y diriger l'exploitation des carrières de marbre, lorsqu'en novembre 1850, M. Dumas, devenu alors Ministre de l'Agriculture et du Commerce, sûr d'avance de ce dont il était capable, le sachant initié à la langue, aux mœurs et aux coutumes de l'Arabie, lui confia la délicate et périlleuse mission d'explorer tout le Nedjd (1), le Haûrân (2), les plaines de l'Euphrate et du Tigre, avec l ordre d'acheter pour nos haras, les meilleurs chevaux de l'Orient. Le ministre connaissant l'insuccès de nos premières tentatives, avait pour but de régénérer notre race chevaline par l'importation d'étalons et de juments arabes d'une noblesse incontestable. Au moment où Prisse allait partir, après avoir terminé un long travail préparatoire, il survint un changement de Ministère qui empêcha notre savant d'accomplir cette importante mission. Cependant, homme

---

(1) Nedjd ou Nedjed, province de l'Arabie centrale généralement reconnue pour produire la plus noble race de chevaux.
(2) Haûrân ou Harran.

de cœur et désintéressé, il aurait ramené les plus nobles
coursiers du désert ou y serait resté, si le successeur de
M. Dumas, comprenant mieux toute la grandeur de cette
mission, l'en eût également chargé.

A la même époque, il fut chargé de toute la rédaction de
la partie orientale de la *Biographie Universelle*, alors en
formation sous la direction de Paul Lacroix, (*Bibliophile
Jacob*.)

En novembre de la même année, le Conseil Général du
département du Nord appréciant sa haute valeur, lui
allouait à l'unanimité une somme de 1.200 francs comme
encouragement à la science et aux arts, pour l'aider à
publier son *Histoire de l'Art chez les anciens Egyptiens*, puis
émettait le vœu que le Ministère de l'Intérieur lui accordât
un autre encouragement sur les fonds de l'Etat.

Ce que nul n'avait osé entreprendre, Prisse d'Avennes l'a
fait, entièrement à ses frais, durant un séjour de dix-
sept années en Egypte ; il a réuni dans un même corps
d'ouvrage les productions les plus remarquables des arts
du dessin de ce merveilleux pays, et les documents les plus
authentiques de leur histoire ; il était le seul peut-être qui,
par la connaissance approfondie des monuments, des hiéroglyphes et à l'aide d'une collection de dessins et d'aquarelles (art dans lequel il excellait), exécutés par lui avec
une fidélité des plus scrupuleuses, fût capable de combler
d'une manière satisfaisante et irréprochable les regrettables
lacunes de ses devanciers dans l'histoire des beaux-arts
où les Egyptiens réclament une place aussi élevée, aussi
considérable que dans l'histoire générale de l'Humanité.
Sa persévérance, son goût et son savoir l'ont fait du reste
procéder de la même manière pour toutes ses publications.

Il avait cette indomptable curiosité qui pousse les savants
à se rendre compte par eux-mêmes de tout ce qui leur
paraît inexplicable, dans l'espoir d'arracher soit à la Nature,
soit à la Science quelque nouveau secret ; il avait cette force
d'intuition qui n'appartient qu'au génie ; il possédait dans
ses recherches, dans ses écrits comme dans ses causeries,
cette chaude animation d'esprit, ce feu sacré qu'entretient
l'amour de la vérité ; cette connaissance du vrai, il la lui
fallait pleine et entière, et il n'abandonnait le terrain que
lorsqu'elle rayonnait de toute sa clarté. Il ne connaissait et
ne pouvait admettre l'inaction ; son initiative, son activité
étaient telles que toujours il menait de front plusieurs
ouvrages. Il fonda et dirigea la *Revue Orientale et Algérienne*, ouvrage qui fit connaître l'Orient sous tous ses
aspects ; ce travail dura plusieurs années et forme cinq
beaux volumes in-8° R. de 500 pages. Il s'occupa également
d'Ethnographie, de science numismatique, des nomes
d'Egypte (1), d'Ethnologie, d'Archéographie, etc., etc. ;
collabora à différents ouvrages d'architecture, puis fonda
et dirigea avec une société d'orientalistes, de voyageurs et
d'artistes, une importante publication sous le titre de :
Miroir de l'Orient, dont les premières livraisons parurent
en 1852. Cet ouvrage était destiné à remplacer la *Bibliothèque Orientale* de Barthélemy d'Herbelot ; malheureusement, il ne put être achevé à cause des dissentiments qui
s'élevèrent entre les collaborateurs.

Peu de questions lui étaient inconnues ; lorsqu'en 1853,
parut l'ouvrage du général J.-L. Carbuccia, sur l'emploi du
dromadaire comme bête de somme et comme animal de

____

(1) Voyez ce qu'en dit Victor Langlois à la dédicace de son livre : *Numismatique des Nomes d'Égypte,* Paris 1852.

guerre, pour l'armée d'Algérie, Prisse d'Avennes lui opposa sur le même sujet, sa notice qui lui valut de ce général la réponse suivante :

ARMÉE DE PARIS   Place-Royale, le 26 avril 1853.

3° Division d'Infanterie.

2ᵉ Brigade.   *A Monsieur Prisse d'Avennes.*

CABINET DU GÉNÉRAL   Monsieur,

« Je viens de lire avec un vif intérêt le compte rendu de ma brochure dans la *Revue Orientale* et je m'empresse de vous remercier de la bienveillance que vous y montrez pour l'auteur. Je suis heureux de vous dire que je reconnais la justesse de vos critiques et que j'ai déclaré publiquement à la Direction de l'Algérie que vous connaissez mieux que moi-même une question que j'ai cependant étudiée avec soin.

« J'envoie aujourd'hui même à la rue de Babylone pour prendre des exemplaires de la 3ᵉ livraison.

« Permettez-moi, Monsieur, de vous offrir un exemplaire de ma brochure, vous priant d'agréer l'expression de ma très haute considération.

« *Signé :* Général CARBUCCIA. »

Véritable pionnier de la science, rien ne l'arrêtait; laissant là sa famille, suspendant ses publications, Prisse d'Avennes repartait le 26 mai 1858 pour l'Égypte et la Nubie, où le Gouvernement (M. A. Fould, Ministre d'État), venait de l'envoyer en triple mission pour la Science, les Beaux-Arts et le Commerce (1). La traversée fut assez rapide et sans inci-

---

(1) Les objets provenant de la mission commerciale ont été donnés le 22 janvier 1863, à la Chambre de commerce d'Amiens, pour figurer au Musée industriel alors en formation.

dent. Le 6 juin, il débarquait à Alexandrie où, peu de temps après son arrivée, en reconnaissance des services qu'il avait rendus à la science, lors de son premier séjour, il fut nommé *Membre honoraire de l'Institut Égyptien.*

Dans toutes les contrées qu'il parcourut, la colonie européenne l'accueillit avec toute la sympathie, toute la considération que l'on n'accorde qu'à un homme honorablement connu. Des consuls généraux et de notables commerçants lui offrirent l'hospitalité, mais malgré ces touchantes démonstrations, Prisse d'Avennes préféra rester seul et libre afin de consacrer tout son temps à l'accomplissement de ses missions et rendre ses recherches archéographiques aussi fructueuses que possible. Cependant, lors de sa résidence à Alexandrie, il assista à quelques réceptions et accepta la pressante invitation du consul de France, qui pour la fête nationale du 15 août, réunissait à sa table l'élite de ses compatriotes.

Peu de temps après son arrivée, il rédigea et envoya à M. Ludovic Lalanne, directeur de la *Correspondance Littéraire,* une notice sur les Papyrus récemment découverts ; puis, quelques mois après, il lui adressa du Kaire une longue lettre, en date du 15 avril 1859, qui eut un certain retentissement dans le monde savant, et dans laquelle il disait aussi, qu'après avoir payé un juste tribut de regrets à son malheureux ami et compagnon de voyage, George Lloyd de Brynestyn, mort à Thèbes, le 11 octobre 1843, victime de la science, il s'était rendu dans les divers cimetières de la Capitale pour visiter la tombe de quelques amis, et que poussant son pèlerinage jusqu'au cimetière grec, enclos dans les murs de *Qasr-el-Chamá,* l'ancienne Babylone des Croisades, où repose le baron Gobert, il ne pouvait s'empê-

cher de lui signaler l'état déplorable dans lequel se trouvait
son tombeau. C'est grâce à l'initiative de Prisse d'Avennes
que l'Académie des Inscriptions et Belles Lettres fit réédifier
le monument funèbre qui n'abritait plus les restes du baron
Gobert, mort au Kaire, le 2 décembre 1833, à l'âge de
vingt-six ans, fondateur d'un prix annuel pour le meilleur
travail sur l'*Histoire de France*.

A Alexandrie, il perdit beaucoup de temps à se procurer
le firman de voyage nécessaire pour les fouilles qu'il devait
faire exécuter; car, Mariette avait été nommé directeur du
musée d'antiquités que Saïd-Pacha voulait former et, à son
instigation, le vice-roi n'en voulait plus accorder. Il l'obtint
cependant, à la condition de ne pas enlever d'antiquités; il
s'y résigna malgré l'envie qu'il avait de doter encore son
pays de quelques trésors. A peine installé au Kaire, il
s'occupa activement de ses missions; celle du commerce fut
surtout difficile par la rivalité des négociants. A Djeddah,
il n'hésita pas un instant à commencer ses travaux malgré
une sérieuse fermentation des esprits, et les prédications
contre les chrétiens, auxquelles avaient donné lieu certains
abus d'autorité. Il est vrai que pour faciliter ses recherches,
il avait, comme à ses premiers voyages, revêtu le costume
oriental. Rien n'avait raison de son ardeur; il ne voyageait
pas en simple touriste, mais en explorateur sérieux et
convaincu; aujourd'hui ici, demain ailleurs, campant là
où le besoin de ses recherches l'appelait : sur les routes,
dans les champs, à travers les sables, les ruines arides et le
désert; il bravait le vent, la poussière et les plus fortes
chaleurs, aux heures mêmes où la sieste était indis-
pensable. Il allait, il poursuivait sa route, s'exposant à tous
dangers, supportant toute espèce de fatigues, n'ayant

d'autre souci que d'arriver à un résultat satisfaisant et rapide.

Aucun sacrifice, aucune peine ne lui coûtait.

Durant son séjour au Kaire, il fit de sérieuses études et d'importantes recherches relatives à l'Art arabe, sur lequel il voulait aussi publier un grand ouvrage. Dans ce livre, il traita de même avec un grand savoir l'architecture monumentale et l'architecture domestique, où, dans cette dernière, le bois sculpté, découpé et tourné jouait le principal rôle de la décoration. Pendant ses explorations à la mosquée *Gama-el-Daher*, appelée à l'origine *Djama-el-Afieh*, il faillit être tué par la chute de la terrasse, qui s'effondra sous ses pieds ; mais lorsqu'il s'agissait de se procurer un document, de constater un fait, de préciser une date, ni obstacle, ni danger ne le rebutait ; il était un de ces hommes que rien ne décourage, que rien n'abat ; tout s'effondre autour d'eux, tout leur manque, ils persistent, vont quand même, l'œil fixé sur le but à atteindre. Déjà, à cette époque, quantité d'édifices tombaient absolument en ruines ; il était grand temps que Prisse d'Avennes vînt arracher à l'oubli et à la destruction ces trésors ignorés, afin d'en révéler toutes les merveilles. Aujourd'hui il n'existe plus, pour ainsi dire, de vestige appréciable de tous ces magnifiques et célèbres monuments de la vallée du Nil.

De part et d'autre, surmontant toutes les difficultés, il avait terminé sa mission commerciale ; la rédaction en était faite, ainsi que celle d'un *Mémoire confidentiel* pour le Ministre. Il avait acquis et réuni tous les échantillons anciens et modernes, auxquels il joignit un catalogue raisonné de tous les objets achetés ou dessinés. Et sa moisson était encore plus fructueuse qu'il n'osait l'espérer avec la modique allocation qu'il avait reçue, surtout en raison du

prix élevé qu'avaient atteint les denrées à cette époque.
C'est, du reste, à son énergie, à son courage, en s'imposant
des privations de tous genres, qu'il dut de les terminer
d'une manière aussi complète et aussi satisfaisante.

Il remonta de nouveau la Haute-Égypte. Arrivé à Assouan,
il franchit la première cataracte, pénétra dans la Basse-
Nubie et ne s'arrêta qu'aux temples d'Abousembil, ces deux
merveilles de l'Art égyptien ; puis il redescendit la vallée de
la Nubie, s'arrêtant aux ruines qui bordent les deux rives
du Nil, et, au commencement d'octobre 1859, il aborda la
charmante île de Philæ que, plusieurs fois déjà, il avait
habitée lors de ses premiers voyages. Un mois après, Prisse
d'Avennes rentrait à Thèbes et s'installait dans les propylées en
ruines du grand temple de Karnak où, seize ans auparavant, il
avait élu domicile, au moment de l'enlèvement de la *Salle des
Ancêtres* de Thoutmès III. Là, il fixa ses recherches sur certains bas-reliefs qu'il n'avait pu enlever ou copier à cette
époque, puis tout spécialement s'attacha à copier plus exac-
tement que ses prédécesseurs, c'est-à-dire d'une manière
irréfutable, divers monuments déjà connus, mais très négli-
gés sous le rapport de l'art, et dont ils avaient publié la
copie avec quelques erreurs. Il visita les plus remarquables
hypogées de la Thébaïde, mit à jour les bas-reliefs historiques du temple de Médineh-Thabou, dont il fit les estampages, repartit pour le Kaire, visita de nouveau la nécropole
de Memphis, séjourna un mois aux Pyramides ; puis, fatigué
de si pénibles excursions, chargé de nombreux matériaux,
il reprit le chemin du Kaire pour y faire ses préparatifs de
départ. Au jour fixé, toutes les personnes qui plus ou moins
le connaissaient, ainsi que d'anciens serviteurs, vinrent lui
témoigner leur sympathie.

Ses missions terminées, Émile Prisse d'Avennes rentrait en France, et arrivait à Paris le 20 juin 1860, rapportant trois cents dessins in-folio, des calques soignés avec les plus belles peintures de diverses époques. Quelques-uns de ces calques avaient jusqu'à sept et huit mètres de long ; quatre cents mètres d'estampages de bas-reliefs (travail dans lequel il excellait aussi) ; cent cinquante photographies des plus beaux détails d'architecture et de sculpture, ainsi que les plus intéressants monuments du Kaire ; des plans, des coupes, des élévations soigneusement cotés et pour la plupart inédits ; cent cinquante dessins ou photographies stéréoscopiques, des croquis, des notes, etc., etc., ainsi qu'une collection de vingt-neuf crânes de momies égyptiennes dont plusieurs étaient dorés ; il était parvenu à préciser l'époque, les fonctions et le nom même de l'individu que représentait chacune de ces momies.

Après ses nombreux et brillants travaux, il pouvait à juste titre, être fier d'avoir, en deux ans, obtenu d'aussi beaux résultats ; il justifiait ainsi pleinement la confiance que le Gouvernement lui avait témoignée en le chargeant de ces missions délicates. Il est vrai qu'il connaissait à fond l'Égypte pharaonique et l'Égypte arabe ; avec une rare habileté, il excellait à reproduire par l'écrit et surtout le crayon et l'aquarelle les merveilles qu'elle a enfantées. Il a donné la preuve de sa science et de son talent consommé d'artiste dans de nombreux ouvrages, dont les deux plus importants, l'*Histoire de l'Art Égyptien* et l'*Art Arabe* (1) ont figuré avec

---

(1) Ces deux ouvrages (atlas, 360 planches grand in-folio en chromolithographie) restent comme d'impérissables monuments de l'Art des Anciens ; ce sont, comme ont dit avec raison plusieurs de nos savants contemporains : Des livres que l'on consultera toujours, et avec lesquels on en fera et complétera beaucoup d'autres.

un éclat transcendant à l'Exposition Universelle de 1878. Ce n'était du reste qu'une main magistrale comme la sienne qui pouvait exécuter de tels chefs-d'œuvre. Il est impossible de parcourir un livre traitant de la science égyptologique sans y voir son nom fréquemment cité ; il en est même qui lui furent dédiés (1). Outre sa connaissance approfondie de la langue Arabe et des Hiéroglyphes, il connaissait aussi le Turc, le Grec, le Copte, l'Éthiopien, le Latin, l'Anglais, l'Italien et l'Espagnol. L'Orient était pour lui comme une seconde patrie ; il l'avait exploré, étudié sous tous ses aspects pendant de longues années. Aussi en connaissait-il d'une manière incontestable tous les monuments. Il avait publié pour faire connaître ce pays à la France la *Revue Orientale et Algérienne* qui ne pouvait malheureusement s'adresser qu'à un public restreint.

A diverses époques, Prisse d'Avennes collabora par ses dessins et par ses écrits à la *Revue des Deux-Mondes*, à la *Revue Contemporaine*, à la *Revue Archéologique*, à la *Revue de Paris*, à la *Correspondance Littéraire* ; aux *Transactions de la Société Royale de Littérature* de Londres : au *Moniteur des Arts* ; au *Magasin Pittoresque* ; à l'*Illustration*, au *Moniteur Universel*, etc., etc., et publia de nombreux opuscules archéologiques. S'il fallait noter ici tous les articles importants qu'il a écrits dans les revues, recueils, journaux, etc., ou en collaboration, cela nous mènerait trop loin. Son activité scientifique et artistique toujours en éveil, se faisait sentir, en dehors de ses ouvrages, par de continuels rapports avec diverses sociétés savantes, même avec celles dont il ne

(1) Voyez entre autres la LETTRE *sur l'interprétation des* HIÉROGLYPHES ÉGYPTIENS *adressée à* **M.** *Prisse d'Avennes*, par Michelange Lanci, 1 volume de 203 pages, in-8° R. (A. Larue, libraire, Paris, 1847.)

faisait pas partie. Il était également en correspondance avec
plusieurs Académies Françaises et Étrangères. Il aimait l'art
en tout et dans toute sa perfection. Aussi, donna-t-il dans
différentes occasions, quantité de modèles variés, de dessins
égyptiens, arabes, persans et mauresques, pour l'orfèvrerie,
papiers peints, services de table, carreaux de faïence, de
carrelage, toiles cirées, découpage de bois et des mé-
taux, etc., etc. Il a également composé différentes couleurs
pour l'aquarelle, se rapportant aux beaux tons de l'Orient,
si difficiles à obtenir, mais auxquelles il ne voulut pas qu'on
donnât son nom. C'est lui aussi qui, dans l'un de ses
voyages, retrouva à Thèbes, le bas-relief du temple de Maut,
représentant la circoncision d'un enfant royal, bas-relief
dont il fit l'estampage.

A l'Exposition Universelle de 1867, il fut membre de l'Exposition Égyptienne, et pour la construction de quelques
temples et palais, c'est encore à son bel ouvrage, l'*Histoire
de l'Art Égyptien* qu'on eut recours. A cette époque, il représenta comme directeur et ingénieur hydrographe, la Com-
pagnie française à laquelle le Vice-roi d'Égypte, Ismaïl-
Pacha, avait confié l'étude de l'exploitation des lacs de la
Basse-Égypte, bordant le littoral de la Méditerranée,
d'Alexandrie à Port-Saïd, pour le desséchement, la culture,
la pisciculture, les marais salants, etc. ; mais au moment de
signer le firman de concession, le vice-roi, probablement
mal conseillé, changea d'avis. Connaissant de longue date la
question dans tous ses détails et ayant été le promoteur de
cette importante affaire, Prisse d'Avennes, devant cet échec
se démit de ses fonctions, abandonna ses documents aux
membres de la Société et ne voulut plus s'occuper de rien.

En France comme à l'Étranger, dans toutes les contrées

qu'il parcourut, toujours il rendit service à ses compatriotes, et sans distinction de nationalité à tous ceux qui s'adressaient à lui ; beaucoup d'entre eux l'en ont payé, soit par l'oubli de son nom, soit par l'ingratitude et même par la calomnie ; mais impassible et de trop noble nature pour s'en émouvoir, il ne s'en trouvait pas atteint ; autant il était prompt à relever un outrage, autant il dédaignait ces sortes d'injures. Nombre de savants même, après avoir profité de ses hautes connaissances comme de ses précieux documents, ont mal agi à son égard ; il en résulta que s'apercevant trop tard que sa bonne foi le rendait constamment dupe de tout ce monde et que, seul, leur intérêt (et non celui de la science), les avait guidés, il rompit toutes relations. Ses connaissances étaient si variées que sa conversation était un véritable enseignement auquel on ne cessait de recourir ; et l'on ne le quittait jamais sans avoir appris maintes choses utiles et instructives. Trop modeste, exempt d'ambition, livré à l'étude par goût, par amour de la science et des arts, il communiquait à tout le monde, avec la plus grande obligeance, ses lumières, ses documents et le résultat de ses travaux. C'était devenu, chez lui, une habitude, on pourrait même dire que ce fut une faiblesse ; car plusieurs personnes se sont parées de son mérite et ont usurpé à ses dépens une réputation dont il se montrait trop insoucieux. Pourtant, que de merveilles il a publiées, jusqu'alors inédites !...

Par son talent, ses qualités, son esprit supérieur, ses connaissances, son haut mérite, il était placé parmi les hommes les plus éminents ; il avait donné en tant de circonstances des preuves d'énergie, de courage et de patriotisme, que peu de temps après son retour en France, le Gouvernement lui proposa le poste d'Ambassadeur à Cons-

tantinople; mais il refusa, voulant se consacrer entièrement
à ses publications. Il avait tout spécialement formé des
artistes pour l'exécution des planches de ses livres, à laquelle
il apportait une attention constante et jalouse, ne faisant
exécuter le tirage des planches que lorsqu'il avait obtenu un
résultat conforme à l'original. Il sacrifia tout à cette exécution malgré les charges que lui imposait sa nombreuse
famille. Il avait cet esprit de pénétration, cette heureuse
facilité qui est le fruit d'une longue étude; le Beau était
pour lui, un culte; il l'aimait passionnément sous toutes
ses formes et en toutes choses; travailleur actif, observateur
profond, ayant le coup d'œil sûr et rapide, aucun de ces
mille détails de l'Art et de la Science ne lui échappait. Il
était d'un caractère difficile, irritable devant toute irrégula-
rité; sa franchise l'empêchait de dissimuler ses sentiments
ou de déguiser sa pensée; aussi se créa-t-il beaucoup d'en-
nemis, mais rien ne le fit dévier de sa fière ligne de conduite; les obstacles, les déboires, les vicissitudes, les basses
intrigues qu'il rencontra de part et d'autre, ne l'empêchèrent
pas de continuer à marcher seul, libre et digne, dans la voie
qu'il s'était tracée, imposant à ses adversaires la prédomi-
nance de son talent et de son haut caractère.

Prisse d'Avennes fut de nouveau en avril 1874, chargé
par le Gouvernement, d'une mission scientifique et des
Beaux-Arts, dans la vallée du Nil que déjà il avait explorée
maintes fois avec tant de profit pour la Science; malheureusement une grave maladie l'empêcha d'accomplir cette
mission.

Après de longues années d'un travail opiniâtre et ininter-
rompu, épuisé par les luttes, l'âge et les privations, ayant

terminé aussi l'atlas de l'*Histoire de l'Art Égyptien* (1), il abandonna de guerre lasse à l'âpreté de son éditeur le texte de cet important ouvrage. Il est même surprenant qu'en dépit de ce combat perpétuel qui fut toute sa vie, et qui, par moments, lui fit connaître jusqu'aux affres de la misère, il ait pu produire tant d'ouvrages remarquables; mais en même temps que Savant opiniâtre au travail et Artiste consommé, il était doué d'une force de caractère qui fait les hommes héroïques; c'est ce qui explique sa persévérance à mener à bien chacune de ses œuvres qui, on peut le dire hautement, sont autant de chefs-d'œuvre.

En récompense de sa longue et laborieuse carrière scientifique, M. Waddington, alors ministre de l'Instruction publique et des Beaux-Arts, lui alloua deux indemnités annuelles de 600 francs : l'une, littéraire au 1ᵉʳ juillet 1876, l'autre, des Beaux-Arts, au 1ᵉʳ janvier 1877.

Lorsqu'en 1879, Prisse d'Avennes succomba et que la nouvelle de sa mort fut connue au Ministère de l'Instruction publique et des Beaux-Arts, M. Bardoux, alors Ministre, fit exprimer à la famille tous les regrets qu'il éprouvait de la perte de cet illustre savant et artiste; puis, par un arrêté, envoyait 400 francs comme participation officielle aux funérailles, où du reste il avait tenu à honneur de se faire représenter. Selon la volonté du défunt, le cortège fut simple et aucun discours n'y fut prononcé. A la suite des membres de sa

---

(1) Voyez ce qu'en dit le *Grand Dictionnaire Universel du* xixᵉ *siècle*, par Pierre Larousse. Paris 1870, tome VII, pages 270 à 275. Voyez également le *Dictionnaire Français illustré des mots et des choses*, par Larive et Fleury, Paris 1889, tome III, page 41. Nous renonçons à faire de nouvelles citations car, rien qu'avec ce que nous possédons, nous dépasserions de beaucoup les limites que nous nous sommes imposées dans cette notice.

famille, un certain nombre d'amis et de notabilités scientifiques, artistiques et littéraires se pressaient à ses obsèques où les honneurs militaires lui furent rendus. A ce moment, plusieurs journaux, en signalant sa mort, ont, dans leurs articles nécrologiques, rendu un digne hommage au talent et au désintéressement de cet homme justement célèbre. En mourant, Prisse d'Avennes laissait deux filles et deux fils dont il n'avait pu, d'aucune façon, assurer l'avenir.

L'aîné des deux fils, M. Eudol Prisse fit comme engagé volontaire toute la campagne de 1870-1871. Prisonnier de guerre conduit en Allemagne, il parvint à s'évader de Rastadt où il avait été interné plusieurs mois. Rentré en France à la fin d'avril 1871, il mourut quelques années après son retour, succombant à une maladie qu'il avait contractée tant sur les champs de bataille que dans sa douloureuse captivité, et laissant deux enfants en bas âge.

Son frère, actuellement employé dans un service de la Ville de Paris, n'ayant pour toutes ressources que son modeste emploi, a recueilli les orphelins. Tant à cause de la dignité de sa vie que de l'insuffisance de ses ressources, ne serait-il pas grandement désirable que le Gouvernement, pour honorer la mémoire du célèbre égyptologue envers lequel la France intellectuelle et artistique a contracté une lourde dette de reconnaissance, voulût bien faire à ce fils survivant une situation en rapport avec ses charges de famille ?

Parmi les travaux manuscrits et dessins que Prisse d'Avennes a laissés, il faut noter :

1° Une importante *Encyclopédie Égyptienne*, qu'il avait préparée à grands frais, à force de travail, de soins et de patience ;

2° Le *Voyage à Montbard* de Hérault de Séchelles, auquel

il ajouta de nombreux manuscrits pour une nouvelle édi-
tion ;

3° Son Glossaire *Reclamer*, avec transcription et explica-
tion des mots orientaux, des dessins de cachets, de sceaux,
d'inscriptions etc;

4° Une grande collection de dessins originaux en couleurs,
soigneusement finis, des monuments égyptiens et autres,
hiéroglyphes, antiquités, etc., dont quelques-uns sont en
gravure; ce recueil formait quatre volumes. Tous ces manuscrits et dessins sont, malheureusement, avec sa rare et
volumineuse bibliothèque passés en Angleterre, peu de jours
avant sa mort, alors qu'il n'avait plus conscience de ce qui
se passait autour de lui ;

5° Une collection précieuse et inédite d'aquarelles, de
dessins égyptiens et arabes, qui intéressent l'ethnographie
et l'archéologie, et qui fourniront aux arts industriels des
modèles très variés d'ornementation. L'État (Bibliothèque
Nationale) s'est rendu acquéreur de cette dernière collection.

Prisse d'Avennes était, nous ne saurions trop le répéter,
un savant d'un rare mérite, qui laisse un nom justement
honoré; toute sa longue carrière reste comme un noble
exemple et peut se résumer en ces mots : après avoir vécu
en véritable, en loyal soldat de la Science; ayant couru tous
les dangers, bravé tous les périls, tel, il est mort, n'ayant
pour toute fortune que la modique pension que lui faisait
l'État depuis deux ans. Il avait, avec un désintéressement
exceptionnel, tout sacrifié aux sciences, aux arts, aux lettres,
à son pays, et s'était toujours tenu à l'écart des honneurs,
et des récompenses qu'il était en droit d'obtenir. Lorsque
des hommes de la valeur d'Émile Prisse d'Avennes dispa-

raissent de la scène du monde, dans la maturité du talent,
ce n'est pas seulement la famille, ce ne sont pas seulement
les amis qui ressentent le coup : tous ceux qui ont voué
quelque sympathie, ou qui s'intéressent d'une manière
quelconque à la Science et aux Arts ne peuvent rester indif-
férents et déplorent une telle perte. Paix et honneur à ses
cendres!

Si, dans cette notice qui, nous le reconnaissons, présente
de regrettables lacunes, nous avons exposé quelques traits
en dehors des travaux scientifiques de Prisse d'Avennes, c'est
pour mieux faire voir son caractère droit, franc et loyal, son
désintéressement, son patriotisme, son dévouement à ses
semblables et à tout ce qui intéresse l'Humanité. En jetant
les yeux sur la liste malheureusement incomplète de ses travaux que nous joignons ici, il est facile de reconnaître
combien la Science, les Lettres, les Arts et l'État lui sont
redevables.

Pour terminer ce résumé, nous ne trouvons rien de plus
suggestif en l'honneur de Prisse d'Avennes que de mentionner brièvement ses principaux titres, dons et ouvrages.
C'est, croyons-nous, le plus simple comme le plus durable
monument à élever à la mémoire de ce célèbre Égyptologue;
c'est, de tous les mausolées, pour les hommes de cette valeur, le seul véritable. Leurs œuvres! Voilà où réellement ils
sont conservés à la mémoire des siècles.

Prisse d'Avennes était : Chevalier de la Légion d'Honneur
et du Saint-Sépulcre.

Egyptologue, archéologue et archéographe.

Ingénieur civil, architecte et aquarelliste.

Homme de lettres et philologue ; avait été Secrétaire du Gouverneur général des Indes.

Ingénieur civil et hydrographe au service de Mohammed-Aly (Méhémet-Ali), pacha d'Egypte.

Professeur de topographie à l'École d'Etat-major de *Dji-hâd-Abâd*, et à l'École de la Marine, en Egypte.

Professeur de fortification à l'École d'Infanterie de Damiette.

Fondateur, Directeur et Rédacteur en chef de la *Revue Orientale et Algérienne* (1852 à 1854).

Fondateur, Directeur et Rédacteur en chef du *Miroir de l'Orient* (1852).

Membre de l'Exposition Égyptienne à l'Exposition Universelle de 1867.

SOCIÉTÉS DONT IL FAISAIT PARTIE :

1842. Membre de la Société Littéraire Égyptienne.
1842. Membre et Vice-Président de la Société Littéraire du Kaire.
1842. Membre et Président de la Société d'Histoire naturelle d'Egypte.
1843. Membre correspondant de la Société Royale de Littérature de Londres.
1844. Membre correspondant de la Société Orientale.
1845. Membre de la Société de Géographie.
1846. Membre de la Société d'Ethnographie.
1846. Membre de la Société Asiatique.
1846. Membre honoraire de l'Association Littéraire d'Égypte.
1847. Membre de la Société des Gens de Lettres.
1852. Membre de la Société de la Correspondance Littéraire.
1858. Membre honoraire de l'Institut Egyptien, etc., etc.

SES PRINCIPAUX DONS A LA BIBLIOTHÈQUE NATIONALE

1843. La Salle des Ancêtres de Thoutmès III au grand temple de Karnak (Thèbes, xviiiᵉ dynastie).
1843. La Stèle historique, attribuée au règne de Ramsès XV, le seul monument connu de ce Pharaon, xxᵉ dynastie.

1843. Une Stèle égyptienne remontant à l'*Ancien-Empire*, soit 4,000 ans avant Jésus-Christ. Ce fragment, qui représente des scènes de la vie domestique, provient d'une tombe.

1843. Une autre Stèle égyptienne, mais moins ancienne ; elle est du *Nouvel-Empire* et ne remonte guère qu'au xvᵉ siècle avant Jésus-Christ. On y voit la représentation de diverses scènes d'adoration à Osiris, à Harmakhis, à Anubis et à Hathor.

1843. Un bas-relief représentant l'adoration de *Basch en Aten re* au Soleil, sous la forme d'un disque d'où partent de nombreux rayons qui caressent le roi et agréent son encens. Ce bas-relief, que plusieurs écrivains désignent sous le nom de *Bakhan*, est le seul de ce genre en Europe.

1844. Un sceptre des dieux égyptiens, à tête de lévrier, de chacal ou de fennec, en terre vernissée.

1844. Un superbe Papyrus égyptien, en caractères hiératiques, auquel on a donné le nom de *Papyrus Prisse* ; il est d'environ huit mètres de long ; c'est le plus ancien débris de la littérature égyptienne (il est de plus de 3,300 ans antérieur à l'ère chrétienne, il remonte au règne du roi *Assa*) ; il a été trouvé par notre savant dans la nécropole de Thèbes, près du tombeau d'Enintef, dans la partie nommée *Drag Abou-Nagga*.

1844. Une plaque de bronze *Gnostique*, portant des inscriptions en caractères Coptes, Syriaques, Ethiopiens et Arabes.

SES DONS AU MUSÉE DU LOUVRE

1848. Deux plâtres d'un bas-relief représentant une scène de mariniers se battant à coups de gaffes et d'avirons, sur des barques de papyrus (*Koum El-Ahmar*, viᵉ dynastie), dont il avait publié la copie en 1847 dans ses *Monuments Egyptiens*, planche 37.

1849. Une série de quatorze plâtres de bas-reliefs pharaoniques de la plus belle époque de l'Art, des domaines et du tombeau de Téï ou Ti, qui lui avaient servi à publier quelques planches dans ses deux ouvrages : *Monuments Egyptiens, etc.*, et l'*Histoire de l'Art Egyptien*. Ils ornent actuellement le palier du premier étage de la galerie égyptienne du Musée, sous les numéros 679 à 692.

Il donna également plusieurs séries d'estampages, parmi lesquels figurent les bas-reliefs historiques du temple de Médineh-Thabou ; un bas-relief du temple de Maut, représentant la circoncision d'un enfant royal, bas-relief qu'il avait retrouvé à Thèbes, etc., etc.

1860. Au Muséum d'Histoire naturelle, il donna une collection de vingt-neuf crânes de momies égyptiennes, dont plusieurs étaient dorés ; il avait pu préciser le nom, la date de l'existence et même les fonctions de chacun de ces individus.

1878. Au Laboratoire d'Anthropologie, il donna un *fac-similé* colorié (grandeur d'exécution, sur papier calque), d'un bas-relief égyptien, représentant les tributaires de Thoutmès III, etc., etc.

SES PRINCIPAUX OUVRAGES

1831. *Coup d'œil sur la situation de l'Égypte en décembre 1831.*

1834. *Voyage au lac et à la ville Menzaleh*, l'ancienne *Pane-physis*.

A diverses dates, *Lettres sur l'Archéologie et la Philolo-gie égyptiennes*, adressées à la *Revue Archéologique* et à M. Champollion-Figeac. De ces lettres, l'une est aussi curieuse qu'intéressante. Elle est datée du Thoutmoséium de Karnak le 27 mai 1843.

1845. Notice *sur la Salle des Ancêtres de Thoutmès III, au temple de Karnak.*

1845. *Recherches sur les Légendes Royales et l'époque du règne de Schaï ou Scheraï.*

1846. Notice *sur le Musée du Kaire et sur les collections d'anti-quités égyptiennes de MM. Abbott, Clot-Bey et Harris.*

1847. Monuments égyptiens, *bas-reliefs, peintures, inscrip-tions, etc.*, d'après les dessins exécutés sur les lieux, faisant suite et complément aux *Monuments de l'Egypte et de la Nubie* de Champollion-le-jeune, 1 vol. grand in-folio, ouvrage publié sous les auspices du Ministre de l'Instruction publique.

1847. Notice *sur les Antiquités égyptiennes du Musée Britan-nique (British Muséum).*

1847. L'Album Oriental ; *caractères, costumes et usages des habi-tants de la vallée du Nil, de la Nubie, de l'Abyssinie et des côtes de la mer Rouge*, (1 vol. grand in-folio.)

1847. Fac-simile d'un Papyrus Egyptien, *en caractères hiéra-tiques*, trouvé dans la Nécropole de Thèbes, près du tombeau d'Enintef, dans la partie appelée *Drag Abou-Nagga*, (1 vol. grand in-folio).

1847. *Mémoire sur les dynasties égyptiennes.*

1849. Fac-simile de Papyrus Egyptiens. *Choix de manuscrits Hiératiques, Démotiques et Grecs*, (grand in-folio, publication inachevée.)

1852-1854. *Revue Orientale et Algérienne*, 5 volumes in-8° R, de 500 pages chacun.

1852. Miroir de l'Orient *ou tableau historique des croyances, mœurs, usages, sciences et arts de l'Orient musulman et chrétien.* (texte et atlas in-4°, publication inachevée.)

1852. *Des chevaux égyptiens ; race ancienne et moderne.*

1852. *Notice descriptive* de l'ouvrage du Général Daumas ; *Les chevaux du Sahara.*

1852. Du Café, *Histoire, culture et commerce.*

1852. *Les Wahhâbi et la réformation musulmane.*

1852. *Tribus nomades de l'Egypte, les Ababdeh.*

1853. Du dromadaire, *comme bête de somme et comme animal de guerre*; description et critique de l'ouvrage du Général J. L. Carbuccia.

1853. Des marbres *de France et de l'Algérie, comparés aux marbres étrangers, anciens et modernes.*

1854. *Histoire des Armes chez les anciens Egyptiens*, (publication inachevée.)

1854. *Des diverses Races chevalines de l'Orient.*

1858-1877. Histoire de l'Art Egyptien, *d'après les monuments, depuis les temps les plus reculés jusqu'à la domination romaine* ; atlas, deux volumes renfermant 160 planches, grand in-folio en chromolithographie, et un volume in-4° de texte, ouvrage publié sous les auspices du Gouvernement.

1858. *Notice sur les Papyrus récemment découverts.*

1860. *Considérations générales sur notre commerce avec l'Égypte et les contrées adjacentes.*

1870. *De la Création d'un Comité Oriental au Ministère des Affaires étrangères.*

1867-1877. L'Art Arabe, *d'après les monuments du Kaire, depuis le VII⁰ siècle jusqu'à la fin du XVIII⁰ ;* atlas, deux volumes renfermant 200 planches, grand in-folio en chromolithographie et un volume in-4° de texte orné de nombreuses vignettes.

Les ouvrages les plus importants d'Émile Prisse d'Avennes sont du reste dans les principales bibliothèques de France et de l'Etranger.

Paris. — Imprimerie L. Maretheux, 1, rue Cassette. — 4203.